LA
MALETA
MEXICANA

GUILLERMO CHAO

LA MALETA MEXICANA

 Planeta

Diseño de portada: Genoveva Saavedra / aciditadiseño
Fotografía de portada: Gettyimages (fotografía de Robert Capa, Picture Post / fotógrafo autónomo) y Shutterstock (Imagen de fondo y maleta con negativos)

© 2015, Editorial Planeta Mexicana, S.A. de C.V.
Bajo el sello editorial PLANETA M.R.
Avenida Presidente Masarik núm. 111, Piso 2
Colonia Polanco V Sección
Deleg. Miguel Hidalgo
C.P. 11560, México, D.F.
www.planetadelibros.com.mx

Primera edición: marzo de 2015
ISBN: 978-607-07-2628-6

Impreso en los talleres de Litográfica Ingramex, S.A. de C.V.
Centeno núm. 162-1, colonia Granjas Esmeralda, México, D.F.
Impreso y hecho en México - *Printed and made in Mexico*

Para Memo, Matías y Nico

Capítulo 1

Los que doblado el cabo de la Buena Esperanza,
ya no esperamos nada
y no obstante la turbia lontananza,
hacemos del crepúsculo, alborada.

Renato Leduc

Había terminado de introducir un negativo en la ampliadora Leitz Focomat cuando alguien llamó a la puerta del *atelier* fotográfico en el tercer piso del número 37, de la rue Froidevaux.

El concienzudo laboratorista masculló una maldición. Si había algo que le molestaba era tener que interrumpir el proceso de impresión, revelado y fijación de aquellas imágenes que cuidaba con mimos, pues le preocupaba que al reanudar la tarea las emulsiones no estuvieran a punto ni la temperatura del agua fuera la adecuada.

Como todo fotógrafo profesional, sabía que el setenta por ciento del éxito fotográfico yacía en el negativo original; pero el resto había que extraerlo con sumo cuidado, segundo a segundo, con un delicado trabajo de procesos químicos, entre vapores de yoduro de potasio, tiosulfato de sodio, escala de grises, silencio y oscuridad.

«Las buenas fotos se captan allá fuera; pero las grandes fotos se hacen aquí dentro», se repetía, convencido de la importancia de su trabajo. Así había sucedido con la famosa foto del soldado republicano muerto en la copa de un árbol mientras tendía de unos cables, que había revelado en su laboratorio en el invierno de 1937. La toma original, como casi todas las que Capa, Taro y Chim captaban, era grandiosa; pero había sido él quien había extraído todos sus detalles. Tan buen trabajo había realizado que muchos llegaron a decir que el soldado de la foto había posado vivo, cuando la verdad era que en el momento en que Capa accionó su cámara aquel pobre diablo estaba muerto.

Esa era una foto no sólo con *grandeur*, como decían los franceses, sino con *nagyság*, la palabra húngara para describir aquello que está por encima de todo lo demás.

Meticuloso como era, se aseguró de que la trampa de luz cerrara de manera hermética antes de abrir la puerta de la habitación que hacía las veces de cuarto oscuro, y sólo entonces se dirigió al exterior. Cruzó a toda prisa la estancia del *atelier* cuando el timbre ya sonaba por tercera ocasión, y deseando que el inoportuno visitante no le quitara demasiado tiempo.

—*Oui?* —dijo, entreabriendo la puerta.

—*Monsieur* Weisz? —interrogó un joven.

—*C'est moi.*

—Tengo órdenes de entregarle esto desde la oficina de *monsieur* De Rochemont —dijo el mensajero, haciendo referencia al director de la oficina de *Time-Life* en París—. Me ordenaron que le dijera que lo envió *monsieur* Capa. Es urgente —añadió mientras le extendía el característico sobre marrón de *Time-Life*.

Imre Weisz conocía bien a Richard de Rochemont, pues en el verano de 1940 *Time-Life* no sólo era el principal cliente del *atelier* Capa-Seymour-Weisz, sino el que mejor pagaba.

Terminó de secarse las manos con los faldones del mandil que usaba en el laboratorio. Tomó el sobre con la yema de los dedos y con extremo cuidado, esperanzado en que contuviera un pago en retribución por el trabajo entregado a la revista recientemente.

—Te he visto en las oficinas de la revista. ¿Cómo te llamas? —interrogó Weisz al joven mientras observaba el sobre.

—David Lieberman. Trabajo desde hace un mes como

aprendiz de fotografía. Y hago de mensajero cuando surge algo urgente —respondió el chico, dándose importancia.

Weisz despidió al mensajero tras firmar el recibo y darle unas monedas. Palpó el sobre, lo observó a contraluz y, sólo entonces, se dispuso a abrirlo.

El sobre contenía doscientos dólares en billetes de baja denominación y un mensaje de télex enviado por Capa la noche anterior desde la oficina central de *Time-Life* en Nueva York, al buró de París.

Leyó: «Mr. Imre Weisz: MUY URGENTE: Cierra oficina. Salva todo lo que puedas del archivo y abandona París antes de que sea demasiado tarde. Capa».

Weisz quedó sorprendido por lo lacónico y urgente del mensaje enviado por su amigo, paisano y jefe. Creía estar bien informado de lo que sucedía en el frente de guerra, pues desde el 20 de mayo, fecha en que los alemanes habían cruzado el río Somme, estaba trazando prolijas anotaciones en un mapa sobre el avance del enemigo, y colegas fotógrafos que volvían del frente le habían asegurado que, en caso de que las cosas empeorasen, París podría resistir al menos un par de meses más.

El mensaje de Capa lo alarmó.

Volvió a leer. Concluyó que, seguramente, Bandi —esto es, Endre Friedmann, el nombre real de Robert Capa, seudónimo con el que su colega ya era conocido en el mundo periodístico— sabía algo que él ignoraba. Hacía casi nueve meses que se había embarcado en el *Manhattan* rumbo a Nueva York para negociar un nuevo contrato con *Time-Life*, y por lo que había escuchado se trataría de una reunión muy importante en la que estarían el editor ejecutivo Wilson Hicks y el editor de fotografía de la revista, Edward K. Thompson.

Weisz recordó que la relación profesional con *Time-Life* se había iniciado a principios de 1937 y, desde entonces, muchas cosas habían cambiado en el *atelier*, pues los estadounidenses convencieron a Bandi para que cambiara su amada cámara Leica III por una moderna Contax II. Capa había consentido a regañadientes, no sin antes correrse una parranda de órdago con algunos amigos —Weisz entre ellos—, con el pretexto de «jubilar con honores a su vieja compañera».

La excelente relación de Capa con *Time-Life* también le había beneficiado a él, pues desde entonces contaba con un trabajo fijo y bien pagado. Además, en el laboratorio no volvieron a escasear los productos químicos, los papeles de impresión ni la película virgen de la mejor calidad, pues a pesar de la guerra, y así fuera a precio de oro, De Rochemont se las ingeniaba para reabastecerlos directamente desde la fábrica de Agfa en Bélgica.

Volvió a leer el mensaje de télex.

Conocía el nuevo ingenio tecnológico de las telecomunicaciones pues durante una visita al buró de *Time-Life*, en París, un empleado lo había sorprendido curioseando con el aparato receptor y, a petición suya, le había dado una demostración de lo que la nueva tecnología era capaz de hacer, y había dejado a Weisz con la boca abierta cuando el empleado pulsó las teclas y escribió: «Aquí París. Saluden a Weisz.» Y casi inmediatamente la oficina de Nueva York había respondido: «¡Hola, Weisz!».

Después de leer el mensaje por tercera ocasión quedó convencido de que Capa, aunque era lo que en Hungría se conocía como un *száráról*, es decir, un granuja que solía salirse siempre con la suya, no habría sido capaz de valerse de un sistema de telecomunicaciones tan sofisticado como ese para hacer otra de sus bromas, sino que, esta vez, la advertencia iba en serio.

No era que le preocupara la guerra en sí. Desde 1936 hasta 1939, Capa, la difunta Gerda Taro, David *Chim* Seymour y él habían lidiado con la cobertura de la Guerra Civil de España, y lo que vieron los había curtido lo suficiente como para no salir corriendo al primer estruendo de cañón o aullido de sirena que anunciaba un nuevo bombardeo.

Capa, por su parte, se la había pasado canuta durante la invasión japonesa a China, en 1938. Sin embargo, Weisz estaba convencido de que esta guerra sería diferente a las que habían vivido, pues no se trataba de un enfrentamiento en el que un bando derrotaría al otro y, después de la rendición, las partes en conflicto se sentarían a firmar la paz; sino de una guerra de aniquilación en la que los judíos, como Capa, Seymour y él, tendrían todas las de perder si las cosas continuaban por el rumbo que habían tomado.

Además, muchos de los apartamentos del edificio número 37 de la rue Froidevaux estaban ocupados por judíos húngaros que, como ellos, habían buscado asilo en Francia huyendo de las persecuciones que durante la década anterior había desatado el gobierno de Miklós Horthy en Hungría, y seguramente sería uno de los objetivos de la Gestapo una vez que los nazis se hicieran con el control de París.

Leyó de nuevo el mensaje y se detuvo en las palabras *antes de que sea demasiado tarde*.

Conociendo a su impaciente amigo, eso quería decir «ahora mismo», pensó, mientras se encaminaba hacia el cuarto oscuro, en donde retiró de la ampliadora el negativo que tenía preparado para imprimir. Vació cuidadosamente la emulsión de las bandejas y seleccionó ciento veintiséis rollos de película revelada para empacarlos en tres bomboneras de cartón que había adaptado como porta negativos.

Al hacerlo, cayeron al suelo del laboratorio algunas tomas de rollos que meses antes había cortado para imprimir las fotos que enviaba a los clientes del *atelier*. Tuvo que colocarse a gatas para buscarlos en la semipenumbra y devolverlos a su sitio.

Todos, menos uno que le pasó inadvertido.

Colocó en la bombonera marrón cuarenta y cinco rollos de filme que pertenecían a Capa; en la de color verde, cuarenta y seis rollos de *Chim* Seymour; en la beige, treinta y dos de Gerda Taro y tres de Fred Stein.

Revisó uno a uno los rollos de película que había seleccionado. Anotó su contenido sobre el diagrama que trazó en la contratapa de cada bombonera, creando un ingenioso inventario sobre lo que contenía cada uno de los pequeños compartimentos; ató a las tres bomboneras un álbum con los contactos fotográficos de cada una de las cuatro mil quinientas tomas de la guerra de España, envolvió el paquete con una pieza de tela encerada y lo metió dentro de una mochila de campaña.

Cuando todo estuvo empacado, tomó el teléfono y marcó el número de Émile Muller, un colega fotógrafo y vecino a quien consideraba de total confianza.

—Hola, Émile. Salgo de viaje y estaré ausente unos meses. ¿Podrías echar un ojo al *atelier* durante ese tiempo?... ¡Perfecto! Dejaré la llave con la portera.

Se dirigió al dormitorio, arregló a la carrera una pequeña maleta con tres cambios de ropa, cerró la puerta del *atelier*, bajó por la escalera, entregó la llave a la portera y le dijo que un amigo la recogería. Se dirigió a la calle, miró hacia ambos lados y, una vez ahí, no supo qué hacer.

La rue Froidevaux estaba desierta. El negocio de funeraria de la planta baja se encontraba cerrado. Notó que en la esquina opuesta un camarero de L'Aubergiste limpiaba una de las mesas que daban sobre la acera, en donde a esas horas solían congregarse los trabajadores del cementerio de Montparnasse que se localizaba cruzando la calle, para tomar café y comer algún bocadillo después de concluir la jornada; pero L'Aubergiste, contra toda costumbre, también se encontraba desierta. Se encaminó hacia el *bistrot* y tomó un lugar frente a la barra. Ordenó una botella de agua mineral.

—Mal día para las ventas —dijo dirigiéndose al encargado.

—¿No se enteró? El gobierno huye. Se van al sur. Los *boches* tomarán París en menos de una semana. El panadero me ha dicho que son miles los que están tomando la ruta a Tours.

—¿Desde cuándo?

—Esta madrugada. Huyen en lo que pueden.

—¿Sabe si el ferrocarril funciona?

—El último tren al sur partió esta tarde. Tal vez mañana, pero no creo que sea buena idea viajar en tren.

—¿Por qué?

—Dicen que algunos trenes han sido ametrallados por los aviones alemanes en cuanto abandonan París.

Weisz apuró de dos tragos el resto del agua mineral, pagó

la cuenta y salió en busca de un taxi. Caminó dos cuadras en dirección al sur, hasta que encontró uno y pidió al chofer que lo llevara a la estación de Montparnasse.

—Montparnasse… Todos van hoy a Montparnasse —se quejó el conductor.

Al llegar a la estación se detuvo en la oficina de telégrafos. Se sorprendió de que casi todo funcionara con aparente normalidad.

—Necesito enviar un cablegrama a Nueva York —dijo al empleado.

—Para como están las cosas no le garantizo que llegue a su destino… pero lo podemos intentar —respondió, mientras entregaba a Weisz la forma impresa que debía llenar.

Weisz se retiró hacia una de las mesas y escribió:

«Mr. Robert Capa. Hotel Bedford. 40th West Street, Manhattan, New York, New York. Dejo París. Viajo Burdeos. Negativos a salvo. Cziki».

Entregó la forma al empleado, pagó el importe y esperó a que le dieran el recibo correspondiente, pues si de algo estaba orgulloso era de su meticulosa administración de los gastos del *atelier*. Se dirigió a las ventanillas de expedición de billetes y encontró una multitud que se agolpaba ante el letrero que anunciaba que, debido a la destrucción de los puentes sobre el Loria, las salidas de trenes estaban suspendidas hasta nuevo aviso.

Deambuló por la estación pensando en alguna alternativa de escape. Después de un rato de caminar sin rumbo se encontró de nuevo en la calle. Entonces tuvo una idea y se encaminó hacia el sitio en el que aparcaban los que llegaban a la estación en bicicleta. Se dirigió al guardia encargado.

—¿Sabe de alguien que quiera vender su bicicleta? —indagó.

—¿Ve todas esas? —interrogó el guardia, señalando hacia más de dos centenares de bicicletas que saturaban el sitio—. Fueron abandonadas por los que alcanzaron a tomar el tren de esta tarde. Tome la que quiera. Nadie lo notará.

—Muchas gracias. Pero eso no estaría bien. ¿Podría pagar a usted por si el propietario regresa a reclamarla?

El guardián lo observó con curiosidad.

—Supongo que ya se enteró de que los *boches* están a la vuelta de la esquina. Le aseguro que ninguno de los que se marcharon regresará a reclamar su bicicleta. La mayoría eran judíos y comunistas que a estas horas ya deben estar en Tours… o más allá. ¿Comprende?

Weisz no se dio por aludido. Se dirigió hacia el cúmulo de bicicletas. Buscó una que estuviera equipada con portabultos. Tomó la que le pareció más resistente y en mejor estado. Colocó la maleta con efectos personales en el portabultos y se caló a la espalda la mochila de campaña con las tres cajas de negativos fotográficos.

«Si los nazis vienen del norte, los judíos debemos ir al sur», se dijo.

Y comenzó a pedalear.

Capítulo 2

Estas ciudades negras —decimos— esta lluvia,
estas mujeres gruesas... Esto nunca fue mío.
La carne que yo amaba no era esta carne rubia,
el sol que me alumbraba, no era este sol tan frío.

RENATO LEDUC

Renato Leduc había llegado a París a finales de 1934. Tenía treinta y seis años cuando partió de Veracruz a bordo del vapor alemán *Orinoco*. Al desembarcar en Cherburgo ya había cumplido los treinta y siete porque, según él, por cada singladura navegada había adelantado treinta minutos su reloj vital. Era su segundo viaje a Francia desde 1929; pero, a diferencia de aquel, esa vez iba enviado por el gobierno mexicano.

Leduc era alto, moreno, de piernas largas y facciones angulosas, aunque de personalidad versátil, sumamente simpático, antisolemne hasta la irreverencia, soltero empedernido y muy culto. Cuando algo le interesaba, prefería escuchar más que opinar; pero cuando se expresaba era ocurrente, sentencioso y, si estaba en confianza, sumamente malhablado.

Llegó a París investido con el nombramiento que le había otorgado la Secretaría de Hacienda de México, como jefe de la oficina en Europa, y con la prosaica misión de vigilar que los empleados de la embajada pagaran a las empresas europeas que vendían productos al gobierno mexicano en la misma divisa que estos habían sido contratados, y terminar de una vez por todas con el escándalo que se había desatado cuando los empleados de la embajada descubrieron que en Alemania y Francia circulaban distintos tipos de marcos y francos, y al pagar con el de menor cotización se quedaban con la diferencia.

Las protestas habían llegado a tal grado que la Secretaría de Hacienda decidió suspender la transferencia de fondos a las legaciones diplomáticas mexicanas en Europa y los concentró en las oficinas que abrió para el efecto en Nueva York y París, esta última a cargo de Renato, que era muy bohemio pero muy honrado.

Desde su llegada, Leduc se estableció en el Hotel Saint Pierre, del Barrio Latino, a un paso del bulevar Saint Michelle, en donde tenía alquiladas dos habitaciones. Una que él ocupaba y otra destinada a alojar a los visitantes que llegaban de México para atender asuntos oficiales en Europa.

Un año después de su llegada, y dada su natural inclinación hacia la cultura y la bohemia, Renato había hecho amistad con casi todos los intelectuales de París pertenecientes a la corriente surrealista, y con casi todas las putas de la orilla izquierda del Sena… sin importarle a qué corriente pertenecieran.

Aunque le simpatizaban, nunca intentó redimirlas recitándoles falsas escalas de valores de la decadente moralidad burguesa ni reivindicaciones sociales de la izquierda. Renato, que para entonces ya había vivido lo suyo, sabía que en esa profesión «las magdalenas sin arrepentir no sólo resultaban irredentas, sino irredimibles», según decía.

Al terminar sus actividades en la Embajada Mexicana, que se localizaba sobre el bulevar Kléber en el exclusivo barrio de Chaillot, lo mismo se reunía con André Breton, Benjamin Péret, Max Ernst, Leonora Carrington, Remedios Varo, Luis Buñuel y Leonor Fini en los cafés de Saint-Germain-des-Prés, que con las *femmes de rien* Monique, Colette o Veronique en cualquier bar cercano a su hotel, y como su sueldo mensual de la Secretaría de Hacienda equivalía a doscientos cuarenta dólares estadounidenses de la época, sus ocios eran casi tan arduos como sus obligaciones.

Sus frecuentes visitas al apartamento de Breton, ubicado en

la rue Fontaine, en pleno corazón de Montmartre, obedecían a esa inclinación de Renato de combinar sus actividades culturales con la bohemia, pues Breton había visitado México en 1938 y gustaba del país y su gente; pero, además, en el sótano del mismo edificio funcionaba el cabaret La Cabain Cubane, propiedad del director de orquesta cubano Eduardo Castellanos, en donde solían reunirse los latinoamericanos radicados en París —entre ellos el compositor mexicano Agustín Lara, quien estaba en busca de socios para abrir un cabaret en la capital francesa—, así como los integrantes de la Revue Nègre de Joséphine Baker y los músicos de la orquesta de Claude Hopkins y el maravilloso saxofonista estadounidense Sidney Bechet.

La simpatía de Renato y su destreza para bailar danzón con el elegante y cadencioso estilo aprendido en el Salón México —el célebre *ballroom* ubicado en el número 16 de la calle Pensador Mexicano de la Ciudad de México—, lo hicieron destacar entre los contertulios de La Cabain Cubane y trabar amistad con casi todos los personajes de la vida nocturna del París de la preguerra, en particular con el personal femenino, que se aburría con las afectaciones del tango pero se excitaba con aquel nuevo ritmo recién llegado a París, que Leduc ponderaba por sobre el género musical argentino pues, según decía, «el tango, de tan trágico, no es más que actas de policía con música».

No obstante su popularidad, Renato continuaba siendo un interesante enigma para quienes lo frecuentaban, pues constantemente, y quizá de manera deliberada, alternaba su faceta expansiva con su faceta reservada, lo que terminaba por intrigar a sus interlocutores, sobre todo a las mujeres, que suelen ser víctimas de su curiosidad cuando creen que han descubierto un alma en pena que merece ser sanada.

—¿Por qué estás tan callado, Renato? —le preguntó Breton una noche.

—De joven fui telegrafista. Conozco el valor de las palabras —había respondido.

Al día siguiente André Breton, que era un hombre de imponente presencia física y mucho carácter, pero fácilmente impresionable, anduvo contando a *tout Paris* sobre las geniales frases del diplomático mexicano.

Y eso que Renato jamás presumió de ser poeta ni les leyó su *Prometeo sifilítico* para demostrarles «que las putas de lengua articulada/ nada pueden hacer, no pueden nada...». O su no menos surrealista *Epístola a una dama*, con aquello de «Hay elefantes blancos pero no son comunes;/ son como la gallina que pone huevo en lunes», pues de haberlo hecho lo habrían nombrado si no el papa del surrealismo —cargo que desde entonces ocupaba Breton—, al menos el camarlengo de la curia de ese culto.

Pero Leduc, por modestia o cachondeo, no se tenía a sí mismo como poeta, sino como un hacedor de versos que él mismo demolía al estilo del vate posmodernista colombiano Luis Carlos López, pues, como este, aborrecía la solemnidad, de la que decía que era «la seriedad de los pendejos», y cuando Salvador Camargo le preguntó por qué no escribía en serio, Renato había respondido: «Escribir en serio es fácil. Lo difícil es hacerlo de pitorreo. Admiro más a un ciclista acróbata que a un campeón de carretera». Lo que confirmaba la frase de Pepe Alvarado: «Cada mañana Leduc inaugura una leyenda... y la deja morir al anochecer...».

Embargado por la sensibilidad de su ascendencia francesa por rama paterna y gracias a su dominio del francés, Renato se desenvolvía en París como pez en el agua; pero cuando lo azotaba la melancolía de la ascendencia tlaxcalteca heredada de su madre, el pez alado se convertía en ajolote que miraba con nostalgia desde la balaustrada del Pont Neuf hacia el verde oscuro del Sena, y retratándose en el difuso espejo de esas aguas semimuertas se definía como un «poeta que ante el mar o ante el desierto/ le dolió de pensar el pensamiento...».

Con ese carácter tan luminoso como opaco, pero siempre sorprendente y excesivo, Leduc no demoró en convertirse en un personaje céntrico entre los excéntricos de París.

Fue la pintora Leonor Fini quien, durante una reunión en el café Le Dome, invitó a Renato para que asistiera a una tertulia en la casa de Max Ernst y Leonora Carrington, y presentarlo con Pablo Picasso, con quien Leduc también haría amistad y charlaría largamente… de toros, y sobre la obra y vida de Diego Rivera, a quien Picasso estimaba desde que lo había conocido en París durante la época cubista de Rivera.

Renato hizo que Picasso se desternillara de risa contándole los cotidianos pleitos conyugales de Rivera con Frida Kahlo —amiga y excondiscípula de Leduc en la Escuela Nacional Preparatoria de México—, con quien el Panzón Rivera se había casado en 1929, a pesar de la gran diferencia de edad entre ambos.

Leduc cautivó a todos con sus acertadas frases y comentarios elocuentes, y como inevitablemente caía en su faceta trágica, se valió de cierta información que la Embajada de México había recogido en toda Europa a través de sus agentes diplomáticos para prevenirlos de que la guerra no tardaría en llevarse todo por delante.

Terminaron la noche en La Cabain Cubane, con Picasso devorando con la mirada a las bailarinas de la Revue Nègre, y Renato impartiendo clases de danzón y rumba a las surrealistas mancornadas con tanto genio del arte.

Al estallar la guerra por la invasión alemana a Polonia, la oficina de la Secretaría de Hacienda en la Embajada de París, integrada por el jefe Leduc, el subjefe Leopoldo Urrea y los asistentes Loyola y Dominguitos, fue trasladada a Bélgica, nación que se había declarado neutral y en donde Jaime Torres Bodet, en ese entonces encargado de negocios de la legación mexicana, se hizo cargo de recibirlos y alojarlos. Pero tres meses después de su llegada, la neutralidad belga fue violada y Bruselas bombardeada por los alemanes. Renato acudió a la embajada para recibir instrucciones, y una vez ahí se enteró de que al primer bombazo Torres Bodet había huido a París en compañía de su esposa y su perro faldero a bordo del automóvil oficial —un gigantesco Packard de siete asientos que el general Gonzalo N.

Santos había ordenado construir en Nueva York y trasladado en barco a Europa para usarlo durante el tiempo que fue embajador, y que era el auto más espectacular de toda Bélgica— dejando abandonados a tres de sus empleados subalternos, que estaban paralizados de miedo y sin saber qué hacer.

En mitad del desorden, Leduc consiguió comunicarse con la Embajada en Francia de donde recibió instrucciones de evacuar y regresar a París en lo que pudieran. En medio de aquel caos, supieron que estaba por partir de Bruselas un tren fletado por ricos judíos holandeses en el que, no sin dificultades, consiguieron pases diplomáticos para abordar.

A Leduc no lo impresionaba demasiado la guerra europea. A los trece años, y ya huérfano de padre, había interrumpido sus estudios para capacitarse como telegrafista. Concluido el curso, fue destinado a la ciudad de Zacatecas con la clave en código de YE-Z. Un año más tarde se encontraba a cargo de las comunicaciones de los ferrocarriles en el estado de Morelos, y en 1914, a la edad de diecisiete años, se ofreció voluntario en el regimiento del general Rubio Navarrete que salió de la Ciudad de México para hacer frente al ejército yanqui que había desembarcado y tomado el puerto de Veracruz.

A finales de ese año, siempre como telegrafista y operador de heliógrafo, había participado en la batalla de Queréndaro entre las fuerzas de los generales Amaro y Castrejón. A partir de 1915 se había enlistado en la División del Norte bajo el mando de Pancho Villa, en donde tuvo la oportunidad de conocer al célebre periodista estadounidense John Reed.

Vencido Villa, Leduc se expatrió a El Paso, Texas —como casi todos los sobrevivientes de la derrotada División del Norte—, en donde fue lavaplatos en un restaurante y aprendió algo de inglés; pero en 1917 sucedió que un pariente suyo, el general carrancista Gabriel Gavira, fue nombrado comandante militar de Ciudad Juárez, y Renato tuvo oportunidad de incorporarse a las filas del ejército vencedor como telegrafista meritorio.

Pasó a formar parte del cuerpo de comunicaciones con la misión de hacerse cargo del puesto situado en el cruce fronterizo de Palomas, Chihuahua, con órdenes de intervenir y espiar las líneas telegráficas que el ejército invasor de Estados Unidos había tendido entre la frontera americana y su cuartel general en Casas Grandes durante la expedición punitiva del general John J. Pershing, quien andaba en busca de Pancho Villa para batirlo en desquite por el asalto que sus fuerzas habían hecho sobre el pueblo fronterizo de Columbus.

Concluida esa misión, había servido en diversos frentes, desde el Pacífico Norte hasta Cozumel, en el mar Caribe, y para 1930 era, como él mismo decía cuando describía sus experiencias, «una sábana muy meada».

Su juventud había transcurrido al parejo de la Revolución Mexicana. Sabía lo que eran la muerte, la crueldad, las privaciones, el hambre, la victoria y la derrota porque había cohabitado con ellas. Cuando la Revolución Mexicana por fin terminó, Leduc tenía el grado de mayor del cuerpo de comunicaciones militares, y el cuarto grado de jurisprudencia, carrera que nunca terminó porque, según decía, «era aburrida como la chingada».

Como telegrafista y poeta, en efecto conocía el valor de las palabras, tanto en sentido literal como figurado; pero también conocía el valor personal, como lo acreditaba su hoja de servicios. Sin embargo, no era un valentón ni presumía de haber sido revolucionario y, aunque simpatizaba con la izquierda, detestaba a los comunistas dogmáticos y se describía a sí mismo como «un anarquista… prudente».

Tras diecinueve años en la milicia, cuatro en la abogacía, catorce en la poesía y veintidós en la vagancia, Renato Leduc conocía el paño como para saber lo que se avecinaba. Y cómo lidiar con ello.

El viaje de regreso de Bruselas a París, que normalmente se hacía en tres horas, fue una odisea de tres días en los que el tren en el que viajaba fue desviado tres veces de su ruta, ametrallado por una escuadrilla de la Luftwaffe y, finalmente, logró ingresar a Francia a través de Dunkerque.

Ante la inminencia de que los alemanes también tomarían París, los funcionarios del cuerpo diplomático mexicano fueron concentrados por orden del embajador Luis Ignacio Rodríguez Taboada en un hotelillo situado a un par de calles de la legación, y Leduc tuvo que abandonar su amado hotel San Pierre, en donde había vivido desde 1934.

En el hotelillo también alojaron a medio centenar de mexicanos que habían sido sorprendidos en Francia por la invasión alemana, más algunas familias que de tiempo atrás radicaban en ese país.

A los pocos días, y mientras el ejército alemán continuaba su avance, el embajador Rodríguez Taboada y el personal del cuerpo consular, encabezado por Gilberto Bosques, recibieron órdenes de la Cancillería Mexicana de abandonar París para dirigirse al sur de Francia y preparar desde ahí la evacuación de los demás.

Al frente de la legación quedó interinamente Jaime Torres Bodet, el mismo que unas semanas antes había salido huyendo de la legación de Bélgica. Las instrucciones que recibieron fueron terminantes: diplomáticos y civiles deberían cumplir las órdenes de evacuación en cuanto las recibieran, o quedarían a su suerte.

Transcurrieron casi tres semanas sin que Torres Bodet se decidiera a hacer algo, hasta que, finalmente, la madrugada del 11 de junio, cuando los alemanes ya se encontraban en Saint Honoré, el tercer secretario Bernardo Reyes —homónimo sobrino nieto del que fuera general porfirista— apareció en el hotel en el que se hospedaban los funcionarios y refugiados mexicanos para ordenar que se presentaran a las seis de la mañana y abordaran el transporte que los sacaría de París.

Todos estuvieron de acuerdo, menos Renato, que llevándose a Reyes a un rincón del hotel le dijo que él no se iría.

—¡Leduc, se lo estoy ordenando! —bramó Reyes.

Pero Renato, que era bragado y además necio, le respondió:

—Usted solamente me puede ordenar en horas de oficina. Además, usted no es mi superior. Yo soy funcionario de la Secretaría de Hacienda, no de la Cancillería.

—Es que peligra su vida —añadió Reyes, para hacerlo entrar en razón.

—Mire, licenciado. Esta no es la primera vez que huyo. Anduve en la Revolución y muchas veces tuve que huir, y por lo mismo sé que cuando hay guerra, se huye antes o después, no cuando la ciudad está siendo tomada por un ejército invasor, porque ese es el momento en el que el lobo va tras las ovejas. Ustedes tuvieron tres semanas para organizar la evacuación, y no lo hicieron —siguió diciendo—. Este no es el momento para evacuar. Si se van ahora será con gran riesgo para todos.

—Pues si quiere quedarse y algo le sucede, le advierto que no será nuestra responsabilidad.

—Si es eso lo que le preocupa, ahora mismo firmo una declaración liberándolo de cualquier compromiso.

Renato pidió papel y tinta al empleado del hotel y redactó la liberación de responsiva al tercer secretario Reyes.

—Así que se queda…

—Me quedo —insistió Leduc.

—Pues ya que se queda, necesito que se haga cargo de una parte de los archivos de la legación que por falta de espacio no podremos llevar con nosotros. Designaré a un par de empleados para que le ayuden con la encomienda.

—Cuente con ello. Pero necesitaré dinero, pues me temo que además de los archivos voy a tener que hacerme cargo de los mexicanos que no llegaron a tiempo para ser evacuados.

—¿Cuánto necesita? —preguntó Reyes.

—Adelánteme seis meses de sueldo y algo para los gastos. Con eso me arreglaré.

—¿Y se encarga de los archivos de la legación?

—Sí, hombre, ya dije que me haré cargo. También tendré que cargar con los archivos de la Secretaría de Hacienda. Unos cuantos baúles más no creo que sean problema. Déjeme a don Pepe Hermosillo y a su asistente. Con ellos me arreglaré —dijo Renato, refiriéndose al jefe archivista de la embajada y a un joven de nombre René.

Leduc, el fogueado revolucionario mexicano que había tenido que huir durante los combates de Queréndaro, León, Torreón y Ciudad Juárez, sabía lo que decía. La Embajada de

México, país neutral hasta ese momento, no fue perturbada por los invasores alemanes, quienes, por el contrario, se portaron muy civilizadamente, pues recordaban que durante la Primera Guerra Mundial, y pese a las presiones de Estados Unidos, México había rehusado declararles la guerra.

Y como Leduc también había anticipado, varias familias mexicanas que tenían residencia en París desde épocas en las que el expresidente Porfirio Díaz se había asilado en Francia, acudieron a la sede de la semidesierta embajada en demanda de salvoconductos para dejar la ciudad; pero Renato, que no era funcionario consular sino hacendario, les explicó que él no podía expedir los documentos migratorios que le requerían.

Desesperado, uno de ellos le confió que entonces no le quedaría más remedio que pagar por uno.

—¿Y dónde va a comprar usted un salvoconducto? —interrogó Renato, incrédulo.

—¿Qué no está usted enterado? En la legación de la República Dominicana el embajador Porfirio Robirosa está vendiendo las visas de su país y expide salvoconductos a precios elevadísimos, sobre todo a los judíos diamantistas de Amberes que huyen de la Gestapo… o a cualquiera que se tercie con joyas o dinero.

—¿Robirosa? ¿El padrote que es marido de la hija del tirano Trujillo y de quien dicen que tiene un pito más grande que la Torre Eiffel? —indagó Leduc.

—Ese mismo —respondió el informante.

—Pues le voy a arruinar el negocio —dijo Renato, resuelto—. A ver: ¿usted qué es exactamente lo que necesita?

—Pues algún documento que me permita salir de París para después embarcarme a México.

—Lo que yo le puedo dar es un pasavante fiscal que certifique que, de acuerdo a Ley de Ausencia Fiscal y Legados, usted regresa a México para ponerse al corriente en el pago de sus impuestos y que, para ello, y por lo que toca a la Secretaría de Hacienda, usted puede salir de Francia libremente y por donde quiera, que ancha es Castilla… pero más ancha es Chihuahua.

¡Ah!, pero eso sí, cuente con que en el pasavante le voy a estampar los sellos más lucidores que encuentre.

—¿Y cree que eso me sirva?

—Pues si los alemanes tragan, la gendarmería francesa también tragará. ¿No le parece?

—Pues… más vale algo que nada. ¿Qué papeles debo presentar para ese trámite?

—Ninguno. Lo haremos bajo protesta de decir verdad. Voy a la oficina de allá atrás para poner todo a punto. Espere aquí, que no tardo.

Leduc redactó el pasavante fiscal con la prosopopeya y los excesos lingüísticos que había visto en algunos documentos diplomáticos mexicanos y, a falta de mejor ejemplo, tomó como modelo la carta-acreditación que seis años antes le había extendido la Secretaría de Hacienda, y escribió:

El abajo firmante certifica que el portador de la presente está en tránsito para ponerse al corriente en el pago de sus obligaciones fiscales.

A nombre de esta H. Secretaría de Hacienda se agradecerá a todas las autoridades las facilidades que le sean brindadas [y aquí añadió] para el feliz arribo a su destino.

(y remataba):

En ausencia del C. Embajador y Ministro Extraordinario y Plenipotenciario.

SUFRAGIO EFECTIVO. NO REELECCIÓN.

El jefe de la Oficina de la Secretaría de Hacienda en Europa:

RENATO LEDUC LÓPEZ

Mientras redactaba el pasavante, Renato contó al archivista Hermosillo lo que estaba pasando en la legación de la República Dominicana con los judíos diamantistas, y le mostró el documento que acaba de producir.

Hermosillo lo leyó y estalló en carcajadas, y como era muy dado al Calvados y los *cognacs à l'eau* y siempre estaba en búsqueda de algún pretexto para tomarse un trago, ordenó a su asistente:

—René, traiga usted el expediente 13-PM/11-07/40-Auxilios a Mexicanos.

El asistente, que también estaba en el ajo, apareció en el acto con dos botellas y un par de copas.

—¿Quiere usted consultar el Artículo Primero o el Artículo Segundo? —preguntó René, mostrando alternadamente las botellas de Calvados y de Hennessy.

—Gran dilema el que usted nos plantea, joven amigo. Pero como ya pasa de la una, déjeme al alcance de la mano el Artículo Segundo —respondió Hermosillo, señalando hacia la botella de coñac.

Renato tomó una resma de papel de la mejor calidad que encontró en la embajada, utilizó un mimeógrafo para reproducir cuantos pasavantes pudo, los estampó con un par de espectaculares sellos que mostraban el escudo nacional mexicano en toda su grandeza y esplendor, apuró un trago de coñac y regresó a donde lo esperaba el solicitante del salvoconducto.

—Si conoce a otros mexicanos en la misma circunstancia que usted, infórmeles que pueden venir por su pasavante —dijo al agradecido sujeto.

Y como pronto se corrió la voz por todo París, en los días que siguieron Leduc firmó y selló pasavantes fiscales como si fueran programas de mano.

La segunda gestión «consular» de Renato consistió en brindar protección a las propiedades de los mexicanos que residían en París, lo que solucionó patrióticamente echando mano de cuantas banderas mexicanas encontró en la bodega de la embajada, aconsejando a los propietarios para que las colgaran de balcones o ventanas de modo que estas no fueran invadidas durante su ausencia.

Y cuando algún mexicano rogó para que, además de abanderada, su residencia fuera vigilada, Renato reclutó a las costureras desempleadas por el cierre de las casas de modas del barrio de Trocadero, y las empleó como amas de llaves y guardianas de las residencias abandonadas, con lo que daba a las costureras un modesto estipendio, sitio en dónde vivir y... algún otro *affaire*.

—¿Y a las putas de la Rive Gauche no las contratas para cuidar casas, Renato? —había preguntado el archivista Hermosillo.

—No, mano. Fíjate que a las putas no, pues aunque me consta que son muy honradas, están concentradas en una labor patriótica. Entre parrandas y purgaciones le han causado al ejército alemán más bajas que la Línea Maginot... que, ya ves, sirvió para una chingada.

Al caer el gobierno del presidente Albert Lebrun y ser sustituido por el gobierno títere del mariscal Pétain, los pocos funcionarios que aún quedaban en el edificio de la Embajada Mexicana recibieron órdenes de abandonar definitivamente París y dirigirse a Vichy.

Fueron días frenéticos en los que Leduc, Hermosillo y su asistente tuvieron que clasificar el acervo diplomático-hacendario de la legación y decidir lo que se debía preservar. Además, también había que ocuparse de los asuntos personales, obtener salvoconductos diplomáticos y cupos de tren para salir de la ciudad.

A los solteros que no tenían que hacerse cargo de la seguridad de sus familias, como Leduc, les correspondieron los últimos turnos con destino a Vichy, en donde deberían reencontrarse con sus colegas de la embajada para, según órdenes de la Cancillería, regresar a México o ser destinados a algún otro país.

A Leduc se lo habían puesto claro:

—Primero los archivos. Sálvenlos a como dé lugar. Después, ya veremos lo que sigue —dijeron.

Renato abordó uno de los trenes que partían en dirección al sur de Francia. Durante los primeros kilómetros llamó su atención la tranquilidad de los parajes y pueblos por los que cruzaban, pero al continuar hacia el sur se encontraron con miles de refugiados que, en automóviles, a pie, en carros tirados por caballos o en bicicleta, huían de la invasión nazi.

—¿Quiénes son? —preguntó Leduc en francés al oficial alemán que estaba a cargo de la seguridad del convoy en el que viajaban diplomáticos de varios países neutrales.

—Excombatientes, malhechores, judíos, comunistas, gente así. Nos haremos cargo de ellos más adelante. No tienen escapatoria, se lo aseguro —respondió.

Capítulo 3

Por el vértice unidos, con amor incidente,
sobre el rombo impasible de un tapete de Persia,
cuatro muslos albeantes, epilépticamente,
sufren raptos de fiebre y colapsos de inercia.

RENATO LEDUC

Al cumplir veinte años, Leonora Carrington decidió que quería ser pintora. También decidió que sería amante del pintor surrealista judío alemán Max Ernst, quien se encontraba temporalmente en Londres. Fueron dos decisiones que cambiarían su vida para siempre y, desde el punto de vista de su padre —el magnate Harold Carrington, presidente de la archipoderosa Imperial Chemical Industries—, fueron decisiones totalmente irresponsables.

Sin embargo, Leonora le tenía reservadas algunas otras sorpresas a su escandalizado padre, pues cuando Ernst se hartó de Inglaterra y regresó a su *atelier* de París, Leonora decidió ir tras él a pesar de que entre ambos había más de veinte años de diferencia y un acta de matrimonio, pues Max estaba casado con la galerista Marie-Berthe Aurenche, quien lucharía ferozmente por conservar a su marido, lucha que a la postre le resultó inútil, ya que los amantes, tal vez por los sortilegios propios del enamoramiento, o quizá por las alucinaciones del ajenjo, pasaban por un estado de locura más que temporal en el que Max era Loplop el Pájaro Superior, y ella se metamorfoseaba en yegua durante los rituales de lo que André Breton, el sacerdote mayor del surrealismo, llamaba *l'amour fou*, y que el claridoso Leduc alguna vez definió como «puras pendejadas».

Para escapar del acoso y derribo de Marie-Berthe, en 1938 los amantes dejaron París. Se marcharon al sur de Francia en donde, con dinero de la madre de Leonora, compraron una mansión siglo XVIII y un viñedo en la aldea de Saint-Martin-d'Ardèche, en la región Ródano-Alpes, que poblaron con ellos mismos, un cúmulo de personajes imaginarios y una camada de ocho gatos.

El Pájaro Superior y la Yegua pintaban, experimentaban, vendimiaban, hacían el amor con fruición y, en total estado de gracia y subvencionado por el generoso mecenazgo en libras esterlinas de la madre de Leonora, Max sumó a sus capacidades pictóricas el hallazgo del oficio de los alarifes y el arte casi extinto del bajorrelieve, todo ello mezclado, batido y colado a través del surrealismo.

A la bucólica *maison* de Saint-Martin no faltaban las visitas y un día llegó de París Leonor Fini acompañada de André Pieyre de Mandiargues, su amante en turno. La casa se convirtió en taller de pintura y el jardín y los viñedos aledaños en campo nudista *à quatre*.

Las escenas escandalizaron al pueblo, hasta que Fini y De Mandiargues —a quien Leduc apodaba Monsieur Desmadres— se marcharon.

Al estallar la guerra, con los alemanes todavía entretenidos en bombardear Polonia, Max Ernst fue denunciado por un vecino del pueblo. Arrestado y esposado, fue conducido por la gendarmería a un campo de prisioneros extranjeros en L'Argentière.

Tal vez Ernst lo había olvidado, pero pese a vivir en París desde 1922 era alemán en Francia y judío en todas partes. Leonora, en cambio, libró la prisión. Era súbdita británica, es decir, aliada de Francia, y además era rica, lo que ayudó a la hora de pagar algunos sobornos a los centinelas de la prisión de L'Argentière para que Max gozara del privilegio de contar con lienzos y óleos durante su cautiverio, y de poder seguir pintando en el campo de prisioneros.

Desesperada por la suerte de Loplop, Leonora viajó a París. Rogó a Paul Éluard que hablara con el presidente Lebrun y obtuviera la liberación de Max. Éluard hizo gestiones y consiguió que lo transfirieran a otro campo de prisioneros en donde la disciplina era más relajada. Pero Leonora no se dio por vencida y después de llamar a las puertas adecuadas logró que Ernst fuera liberado para la Navidad de 1939.

Max regresó de inmediato a Saint-Matin-d'Ardèche. Pero no por mucho tiempo. Para entonces la gendarmería francesa ya sabía que Ernst había sido soldado de la Wehrmatch durante la Primera Guerra Mundial y sospechaban que era un espía nazi. Fue arrestado y puesto preso en Les Milles, en espera de ser deportado.

Al quedarse otra vez sola, Leonora enloqueció y se abandonó presa de un estado autodestructivo. Renunció al aseo personal. Sobrevivía comiendo papas remojadas en vino. Dormía en el granero de la granja o en el suelo de la cocina y perdía peso tan rápido como perdía el seso.

En mayo y junio de 1940 los *panzertruppen* de los generales Kleist y Guderian arrasaron con las defensas del IV Ejército francés al mando del general Hutzinger, que huyó en desbandada hacia la ribera sur del río Marne. El frente estaba roto. Francia había caído.

Indefensa, y ante la amenaza de sufrir un bombardeo generalizado, París fue declarada ciudad abierta. La evacuación, que hasta entonces había sido un mesurado flujo creciente, se convirtió en un arrollador y desordenado tumulto.

La aldea de Saint-Martin-d'Ardèche se llenó de refugiados que huían de los nazis con rumbo al sur. Entre los evacuados apareció, a bordo de un Fiat, Catherine Yarrow, ceramista amiga de Leonora desde la adolescencia y heredera de la fortuna naviera de la familia Yarrow de Inglaterra, acompañada de su amante húngaro, Michael Lukács.

Encontraron a Leonora tendida en posición fetal, escondida junto a un fogón apagado, desnutrida y delirante, víctima de la peor demencia.

Yarrow, que a su vez padecía depresión bipolar y había sido paciente del sicoanalista suizo Carl Gustav Jung, diagnosticó sin problema el estado de su amiga. En vano intentaron convencerla para que huyera con ellos. Leonora se aferraba a la esperanza de que Loplop regresaría a Saint-Martin en cualquier momento.

No había lugar para contemplaciones ni tiempo que perder. Entre aullidos, desvaríos y contorsiones, la arrancaron de la casona para escapar hacia el sur.

Huyeron en dirección a Perpignan, con Leonora cada vez más enloquecida, gritando mueras a Hitler a todo el que se encontraban por el camino y preguntando por Loplop cada vez que se detenían para repostar. Cruzaron Provenza, pasaron una noche en Perpignan y un día más tarde alcanzaron la frontera con Andorra.

Un cablegrama de Chatherine Yarrow al padre de Leonora notificó el terrible estado mental de su hija. Tras diez días de espera apareció en Andorra un cura jesuita con instrucciones, dinero y salvoconductos para todos, excepto para Michael Lukács, que por ser judío húngaro fue dejado atrás mientras se arreglaba su visado.

El poder de papá Carrington era inconmensurable, y resultó aún más evidente del lado español, pues ahí también había una sucursal de la Imperial Chemical. El jesuita y Yarrow se encargaron de Leonora durante el viaje a Barcelona y más tarde a Madrid, en donde el jesuita dio por terminada su misión después de alojarlas en un hotel por el rumbo de Atocha. Pero unos días más tarde las echaron de ahí porque a Leonora le dio por cenar sobre el tejado del hotel. Se mudaron al Hotel Roma, en donde Michael Lukács pudo darles alcance.

En cuanto el cónsul británico se enteró de que la hija de lord Carrington estaba en Madrid, ordenó que la cambiaran al Ritz, el más lujoso de la ciudad, justo frente al Parque del Retiro, en donde Leonora había protagonizado unos días antes un espectáculo de cabriolas, llantos y gritos desaforados contra los árboles del parque, a los que acusaba de ser espías nazis.

Acosado por las quejas del gerente del Ritz contra la conducta de Leonora, que había adoptado la costumbre de deambular desnuda por su habitación ante la mirada de los camareros que le subían los alimentos para evitar que escandalizara en el comedor, el cónsul británico acudió a entrevistarse con ella, y quedó perplejo cuando la heredera de Harold Carrington le exigió que tramitara una entrevista con Francisco Franco, pues estaba convencida de tener la fórmula para terminar con la guerra.

Al confirmar el deterioro del estado mental de Leonora, el cónsul comunicó a Harold Carrington su condición, y en respuesta recibió carta blanca para que alguien se hiciera cargo de su tratamiento.

Un especialista español, el doctor Martínez Alonso, fue llamado a una primera auscultación: trastorno delirante, manía persecutoria, delirio de grandeza, delirio erotomaniaco, delirio somático, paranoia, fue el diagnóstico.

—¿Y qué hace la señorita Carrington? ¿A qué se dedica? —quiso saber el caballeroso Martínez Alonso.

—Es pintora.

—Tal vez demasiado ajenjo, me temo —respondió el galeno, haciéndose eco de las versiones que corrían entonces contra el consumo de la absenta.

—¿Grave? —quiso saber el cónsul.

—Veamos: Van Gogh se cortó una oreja cuando estaba ebrio de ajenjo. Modigliani se autodestruyó. Pero considerando su juventud y fortaleza, creo que aún estamos a tiempo —predijo el médico, quien después de unos días de observaciones asignó a uno de sus ayudantes para que vigilara a la paciente.

Leonora sedujo al joven médico. En pleno trastorno delirante, ella construía castillos en el aire. Y el joven médico los habitaba.

Un nuevo especialista fue reclutado. Recomendó internarla en un sanatorio de monjas, en Madrid. Pero Leonora terminó en el tejado y con las monjas alarmadas. Fastidiado, el médico sugirió internarla en la clínica del doctor Mariano Morales, en Santander, frente al Cantábrico.

El manicomio del doctor Morales estaba reservado a miembros de familias distinguidas, nobles y millonarios, porque en la paranoia también hay clases. Las ricas sufren trastornos. Las pobres, locura.

A Leonora le aplicaron tres sesiones de cardiazol o, como lo describieron a Harold Carrington para que pagara las hinchadas facturas: *pentylenetetrazol convulsive therapy*.

De ser una lunática incontrolable, después de la primera sesión Leonora quedó convertida en vegetal; pero lo superó y mejoró. Después de la segunda, a la que fue llevada a rastras y atada, los progresos fueron más notables, y tras la tercera volvió, o casi, a la normalidad.

A finales de 1940 Leonora Carrington había dejado de escalar los tejados de la clínica y estaba de regreso en el mundo de los cuerdos. Después de practicarle toda clase de estudios, el doctor Morales autorizó que viajara a Madrid bajo la responsabilidad de la Imperial Chemical, pero siempre vigilada de cerca por una monja de agrio carácter y férrea disciplina que hacía de cuidadora y enfermera.

Fueron hospedadas en el Hotel Palace, que celebraba el último día de 1940 con un té danzante en el elegante *ballroom*.

Leonora ruega que le permitan acudir al festejo. Argumenta que es parte de su terapia de recuperación. Los médicos deliberan y, finalmente, autorizan que asista, pero siempre acompañada y vigilada de cerca por su monja cuidadora, que la observa en todo momento.

Después de algunos valses, la orquesta ataca *I'll be seeing you*. Leonora cierra los ojos y se transporta mentalmente al París de 1938. Cuando vuelve a abrirlos, su mirada recorre embelesada el *ballroom* del Palace.

Hacía mucho tiempo que no se sentía tan bien ni tan llena de vida. Da otro sorbo a su copa de vino rebajado con agua, pasea la mirada de un extremo a otro del salón y, al cruzar frente a la puerta de ingreso, algo la hace regresar en sentido opuesto, como quien rebobina un rollo de película.

Entonces, lo ve.

Leonora se angustia y comienza transpirar. Se estremece. Teme que las alucinaciones estén de regreso y los efectos benéficos del cardiazol hayan cesado.

Perturbada por sus visiones, cierra los ojos y aprieta las mandíbulas hasta hacer rechinar los dientes. Permanece así durante más de un minuto, y al volver a abrirlos se convence de que, esta vez, no alucina.

Aún temblando, abandona el asiento y, resuelta, cruza el salón.

Capítulo 4

Mas cambiar de opiniones es de sabio,
que si duermes, por tu agua azul-violeta
casi se puede andar en bicicleta.
Y hay que decirlo a fuer de desagravio.

RENATO LEDUC

Al segundo día de pedaleo Imre Weisz estuvo a punto de darse por vencido. Era delgado y estaba en buena forma física, pero el cansancio comenzaba a ser insoportable. Sólo la voluntad y el instinto de conservación lo mantenían sobre el asiento de la bicicleta al ver lo que sucedía con los que quedaban rezagados y se resignaban a su destino.

La carretera que conectaba París con Tours era un muestrario de muebles, enseres domésticos y atados de ropa que los fugitivos habían abandonado sobre ambas cunetas, demasiado pesados para continuar con ellos a cuestas. De vehículos de motor desechados por sus propietarios después de agotarse la gasolina, o de carruajes que habían perdido a sus animales de tiro.

Weisz pensó que en ningún sitio del mundo había visto nada más fuera de lugar que un ropero en mitad de la carretera.

De vez en cuando, en la lejanía se escuchaba el rumor de un motor que se aproximaba, y la carretera, hasta entonces atestada, se vaciaba de gente que corría buscando la protección de algún bosque cercano. A veces se trataba de un avión de reconocimiento que volaba tan bajo que se podían ver las siluetas del piloto y el observador; en otras, de cazas alemanes que en vuelo rasante aterrorizaban a los evacuados y más adelante dejaban caer sus bombas o ametrallaban objetivos que aún ofrecían resistencia.

Francia había caído y los alemanes estaban enseñoreados no sólo en la tierra sino en el espacio aéreo. Numerosos desertores del ejército francés se habían mezclado con la población civil que huía de los invasores, y por todos lados se veían uniformes, forrituras y armamento abandonado. La guerra había terminado y nadie quería tener relación con ella.

Al atacar una cuesta, Weisz sintió que se le partían los muslos a cada golpe de pedal. El ácido láctico se acumulaba en su cuerpo con punzadas como de mil puñales, y sentía cuando las venas del cuello se le expandían; pero resistía pensando que, una vez coronada la cima de la colina, le esperaba el premio de rodar cuesta abajo, cuando podía dejar de pedalear durante uno o dos kilómetros impulsado por la velocidad del descenso y sentir la brisa golpeando contra su rostro y refrescándole el torso, como había visto hacer tres años atrás, en el verano de 1937, a Roger Lapébie —el Conquistador de Los Alpes, lo llamaban los franceses—, en aquella aniquiladora novena etapa del *Tour de France*, con doscientos veinte kilómetros recorridos entre Briançon y Digne-les-Bains y un apabullante puerto de montaña en mitad del camino, etapa que había perfilado a Lapébie para ganar la *Tour* de ese año.

Había pasado las noches durmiendo en algún pajar a campo abierto o bajo los puentes que encontraba por el camino. Cuando había suerte, comía en alguna hostería rural y pagaba con los dólares recibidos de *Life*. Y cuando no, pedía a los moradores de las casas en los sitios aledaños que le vendieran lo que pudieran en alimentos o, como hacían los demás, se metía a las huertas abandonadas y tomaba cualquier cosa comestible que estuviera a su alcance.

A una media de cincuenta kilómetros por día, a Weisz le tomó cinco días el viaje en bicicleta de París a Tours, donde se encontró con que al sur del río Loria los trenes también estaban atestados, pero funcionaban con relativa regularidad y, lo más importante, había menos dificultades que en París para abordarlos.

Abandonó la bicicleta en una playa de estacionamiento vecina a la estación, desató su maleta y el bulto que contenía los portanegativos, besó su cámara Leica y dio gracias a Dios por ser fotógrafo y no ciclista, pues en ese momento recordó que había hecho en cinco días una distancia menor a la que Roger Lapébie había hecho en seis horas, y con una montaña de dos mil metros de altitud de por medio.

Tomó el tren de esa tarde con destino a Poitiers, con la esperanza de poder continuar hacia Marsella, en donde pensaba embarcarse con destino a América para reunirse con Capa.

No era un mal plan. Si todo salía bien, en un mes estaría en Nueva York.

El tren a Poitiers iba sobrecargado de pasajeros y a menor velocidad que la acostumbrada. Desde su asiento, por el que había pagado veinte dólares a un empleado de la estación, Weisz escuchaba el chirriar de las ruedas del vagón cada vez que el convoy tomaba una curva, y sentía cuando el conductor disminuía la velocidad para reducir el riesgo de un descarrilamiento.

No era la primera vez que huía. Recordó cuando, a principios de los años treinta, Bandi y él, amigos desde su primera juventud, habían huido de Budapest, en donde eran buscados por la policía húngara.

Cziki Weisz era huérfano de padre, pues este murió en Polonia durante la Primera Guerra Mundial. Cuando él tenía cuatro años, su madre, viuda e incapaz de sostener a sus cuatro hijos, lo había entregado a un orfanato, de donde Cziki salió ya adolescente gracias al apoyo de su hermana mayor, que se había casado con el rector de la universidad y gozaba de una desahogada posición económica.

Una vez fuera del orfanato, Cziki se había relacionado con las amistades de su cuñado, todos ellos intelectuales mayores que él quienes integraban un grupo antifascista llamado

Círculo Laborista, entre los que se contaban los escritores Arthur Koestler y Georg Lukács; los cineastas Alexander Korda y Michael Curtiz; los célebres fotógrafos Martin Munkácsi, Brassaï, André Kertész y László Moholy-Nagy; el compositor Béla Bartók y casi la totalidad de la comunidad científica del país. El Círculo Laborista era el principal opositor al régimen que encabezaba el fascista Miklós Horthy, y el cerebro tras las huelgas y manifestaciones que sacudían a Budapest.

Durante la gran manifestación de 1931, Weisz había conocido a un muchacho de su edad dotado de un magnetismo especial que durante los mítines gritaba «¡Transformad el acero! ¡Transformad el acero!», y animaba a los manifestantes para que arrancaran verjas, rieles y todo lo que se pudiera para convertirlo en balas contra el régimen de Horthy.

El joven que gritaba aquello —que era acompañado a todas partes por una fotógrafa llamada Katherine Deutsch—, se llamaba Endre Ernö Friedmann, judío, como él, y debido a su atrevimiento y prominente nariz lo apodaban Capa — «Tiburón» en magiar—, hijo de un modisto de la ciudad.

Desde entonces Cziki Weisz se había vuelto su sombra.

En otra manifestación ambos fueron arrestados por la policía secreta, golpeados y encarcelados. Quedaron en libertad a los pocos días gracias a la intervención de una clienta del padre de Friedmann que resultó ser esposa del jefe de la policía, pero con la condición de que salieran de Hungría inmediatamente.

Huyeron de Budapest por el Danubio. Pasaron un tiempo en Viena, de allí viajaron a Berlín, en donde Cziki y Bandi asistieron como alumnos a la escuela de periodismo. Sin embargo, la gran crisis económica alcanzó Hungría y el negocio del padre de Bandi, jugador empedernido y bohemio consuetudinario, cayó en bancarrota, cortando el subsidio mensual al joven refugiado.

Tuvieron que abandonar los estudios y pasaron hambre. Intentaron enrolarse como periodistas pero, aunque ambos hablaban alemán, les resultó un obstáculo el nivel de dominio del idioma que se requería en el oficio. Finalmente, decidieron probar suerte como fotoperiodistas. Después de todo, las imágenes eran un idioma universal.

Abordaron el nuevo oficio con entusiasmo y cierto éxito, pues en ese momento Moholy-Nagy, Brassaï, Kertész y Munkácsi, cuatro de los mejores fotógrafos del mundo, todos eran húngaros... como ellos.

Fue entonces cuando Bandi acuñó, con la soberbia juvenil de sus veinte años, la siguiente frase: «Para ser buen fotógrafo no basta con tener talento: también se necesita ser húngaro».

Pero había una diferencia entre Bandi y Cziki. En tanto que el primero poseía lo que en fotografía llaman «ojo natural» para las buenas fotos, el segundo era más inclinado hacia la técnica fotográfica.

Al entrar en vigor la ley de libertad de expresión de la República de Weimar, Berlín se había convertido en una explosión de publicaciones gráficas y Friedmann obtuvo su primer trabajo como ayudante en la agencia Dephot, donde su director, Simon Guttmann, no tardó en darse cuenta del talento del joven fotógrafo.

Guttmann decidió entrenar al joven y, tras algunos trabajos de poca importancia, le entregó una cámara Leica II Modelo D, con lente Leitz Elmar de cincuenta milímetros y lo comisionó a cubrir la conferencia que León Trotsky pronunciaría en el Palacio de los Deportes de Copenhague el 27 de noviembre de 1932. Las fotos de un Trotsky vociferante y enérgico fueron publicadas a página completa por la revista alemana *Der Weltspiegel* con el crédito de Friedmann-Dephot.

Todo parecía marchar bien tras aquel éxito inicial, pero en 1933 los nazis llegaron al poder e impusieron la censura. Muchas publicaciones alemanas fueron clausuradas, destruidas y saqueadas. El gremio periodístico fue perseguido y miles de puestos de trabajo se perdieron.

Había que huir una vez más, pero en esa ocasión hacia el oeste, pues en Francia estaban las sedes de las revistas de izquierda *Vu* y *Regards*, que habían publicado algunas fotos de Bandi y podrían estar interesadas en su trabajo.

Una vez en París, Friedmann y Weisz se encontraron desempleados y acosados por la pobreza y el hambre. Ahí conocieron a otros dos fotógrafos excepcionales y una traductora: David Szymin, judío de origen polaco; Henri Cartier-Bresson, hijo de una acaudalada familia francesa, y Gerta Pohorylle, judía de origen alemán que devendría en novia de Friedmann y, posteriormente, en su agente y colega.

Todos eran jóvenes, talentosos, políglotas, simpatizantes de la izquierda y con deseos de transformar al mundo, pero para eso antes había que cambiar algunas cosas.

Lo primero que cambiaron fue sus nombres por considerar que eran poco comerciales para el éxito profesional que se habían propuesto alcanzar. David *Chim* Szymin se llamó a partir de entonces David Seymour; Gerta Pohorylle cambió el suyo por Gerda Taro; Endre Friedmann adoptó el de Robert Capa, que se suponía era un legendario y enigmático fotoperiodista americano de quien Taro era su representante y agente comercial.

A Weisz todo aquello le pareció una chifladura y concluyó que el único sensato de los cuatro era Cartier-Bresson, quien, como él, seguiría llamándose como siempre se había llamado.

El tren arribó con varias horas de retraso a la estación de Poitiers, atestada de refugiados que esperaban una oportunidad para continuar hacia el sur. A Cziki Weisz aún le dolían las pantorrillas por el esfuerzo de haber pedaleado durante casi una semana y la sola idea de tener que hacerlo una vez más lo impulsó a buscar algún empleado que, mediante un soborno en dólares estadounidenses, le asegurara cupo en el siguiente tren a Burdeos. Después de fracasar en varios intentos, tuvo suerte al conocer a un joven relojero portugués que había huido de Amberes, a quien le parecieron más atractivos los dólares de Weisz que seguir huyendo. Después de todo, su país era neutral y no tenía demasiada prisa por regresar a Lisboa.

Weisz pasó la noche tendido bajo la escalera de un almacén próximo a la estación. A la mañana siguiente, peinado, con el rostro y los dientes lavados, su maleta en una mano y la mochila con los portanegativos bajo el brazo, era parte de aquella multitud amorfa que se desplazaba hacia el sur con la certeza de que, mientras más tiempo pasara, más difícil sería conseguir visados para abordar un barco que los llevara hacia la libertad.

El abordaje del tren a Burdeos fue un caos completo, pero Weisz logró colarse entre aquel desorden y consiguió un asiento junto a los que ocupaban una familia de gitanos. Cuando el tren partió, ya tenía en la mente un plan para los siguientes días: de Burdeos seguiría hacia el sur para cruzar la frontera con España en la estación de Canfranc. Una vez ahí tomaría un tren a Burgos, y por la vía de Salamanca continuaría hasta Lisboa. Si las cosas se torcían, iría hacia Tolosa, para hacer el cruce de los Pirineos por Ax-les-Thermes y alcanzar Andorra.

Como era de esperar, Burdeos también estaba atestada de refugiados. El 14 de junio de 1940, fecha en la que los alemanes entraron a París, el gobierno francés, encabezado por el primer ministro Paul Reynaud, había abandonado Tours y transferido la sede de los poderes a Burdeos. Tras ellos también se había desplazado, además de los refugiados, el personal de las legaciones de países que mantenían relaciones diplomáticas con Francia. La capital de la Región de Aquitania, asaltada de pronto por más de cincuenta mil personas que huían de los nazis, era un caos en donde escaseaban el alojamiento, los víveres y, por supuesto, los salvoconductos para salir de ahí.

Quienes peor la pasaban eran personas que habían sido literalmente cogidas entre dos fuegos. Para ellas no había destino claro ni futuro promisorio por haber quedado atrapadas entre el pasado y el presente, como Imre Weisz, cuyos documentos originales lo identificaban como súbdito nacido en el extinto Imperio Austro-Húngaro, lo que lo convertía en enemigo de Francia por ser Austria y Hungría aliados de los alemanes. Y, por el lado opuesto, esos mismos documentos delataban su origen y apellidos judíos, lo que lo convertía en perseguido por los nazis.

«¿A dónde ir si no conseguía cruzar la frontera española?», se empezaba a preguntar.

La confusión aumentó cuando el 15 de junio los alemanes cruzaron el río Loria y el presidente Reynaud dimitió. El nuevo gobierno francés fue encabezado por el general Philippe Pétain, quien analizó la situación y, desde su óptica de militar, envió emisarios para negociar un armisticio con el vencedor.

En respuesta, Burdeos fue bombardeada por la Luftwaffe. Miles de refugiados dejaron la ciudad y huyeron hacia el sur; pero una semana después la tenaza del ejército alemán se cerró por completo al llegar a Bayona las primeras unidades de la Wehrmatch.

La frontera con España se había cerrado.

El gobierno de Pétain se trasladó entonces a Vichy, y con esto quedó claro que la única puerta de escape que aún no estaba al alcance de los nazis era el puerto de Marsella.

Aunque no sería así por mucho tiempo.

Capítulo 5

Cual funcionario de porte tieso
en el estanque bogan los cisnes.
¿Quién a los cisnes torció el pescuezo?
¡Foie-gras! *Oh Leda,* business are business.

RENATO LEDUC

Casi nueve horas después de haber dejado la parisina Gare d'Austerlitz llegó a Vichy el tren en el que viajaba Renato Leduc. Durante el transcurso del viaje habían pasado por media docena de puestos de control en los que la Gestapo exigía a los viajeros volver a comprobar su identidad, y cuando los documentos mostrados no resultaban satisfactorios, el sospechoso era arrestado y apeado del tren.

El mayor número de arrestos había tenido lugar en la estación de Fontainebleau, a sólo setenta kilómetros de París; pero en Nevers y Moulins fueron detenidos otra media docena de evacuados que habían logrado escabullirse de la primera revisión. La mayoría de los arrestados eran judíos, republicanos españoles o comunistas cuyos nombres aparecían en las listas negras de la Gestapo, y su destino no podía ser otro que el campo de concentración de Mauthausen, a donde los nazis estaban enviando a los indeseables, o el trabajo esclavo en alguna fábrica del Ruhr.

En la estación de Vichy, Leduc ordenó a Hermosillo y su ayudante que se hicieran cargo de los archivos, tomó un taxi y se dirigió a la Embajada de México, en donde debía encontrarse con Leopoldo Urrea, su segundo de a bordo, quien había dejado París cuando la ciudad estaba por caer.

Entregados los archivos, Renato dijo a su subalterno:

—¿Sabías que a los alemanes los sobacos les huelen a flor de ajo? Tras nueve horas de oler miasmas sobacales de los inspectores nazis, haces algo por mí, querido Polo, o mañana estrenarás jefe, pues yo estaré difunto. Me muero de hambre y sed. O para ponerlo en exacta jerarquía, más de lo segundo que de lo primero. Te aclaro.

Urrea lo condujo a un restaurante cercano a la embajada. En quince minutos Renato despachó dos copas de tinto de la región, eructó por lo bajo y, satirizando a Nervo, repitió:

—Bebo, nada te debo; bebo, estamos en paz. ¿Qué me decías, Polo?

—Que el tercer secretario quiere hablar contigo. Dijo que te reportaras a tu llegada.

—¿Bernardo Reyes me procura? ¡Que se joda!... por ahora. Quizá mañana. Dile que estoy fatigado por la chinga de tener que cargar con sus archivos. Que padezco prosaica diarrea y que si sigo peyendo a este ritmo y con tan sonora contundencia, derretiré los Pirineos.

—Dijo que era urgente.

—Hay cosas urgentes y pendejos con prisa, y a mí no me urge hablar con él. Nada tengo pendiente. Los archivos fueron entregados. ¿Qué es lo que quiere?

—Que llevemos los archivos a la Embajada en Lisboa.

—¿Cuándo?

—Cuanto antes. Las relaciones con las autoridades francesas y alemanas han empeorado desde la reunión de Pétain con Hitler.

—Pues si de Lisboa se trata, estoy dispuesto.

Después de escuchar las afectadas disculpas del *maître* por no tener «disponibles en ese momento los platillos que los caballeros han elegido», Leduc y Urrea optaron por la sugerencia que el *maître* les hacía y ordenaron trucha estilo *Allier*.

Un hombre de apariencia distinguida, rostro afilado y

gruesos lentes de carey que los había estado observando desde la mesa vecina, se aproximó a ellos.

—Los caballeros sois mexicanos, presumo —dijo a modo de presentación.

—Y usted, por su acento, debe ser catalán —respondió Leduc.

—Luis Nicolau d'Olwer. ¿Puedo? —dijo el hombre señalando una de las sillas desocupadas.

—Puede… —respondió Leduc.

—A usted lo he visto en la embajada —dijo d'Olwer, dirigiéndose a Urrea.

—Yo también lo he visto a usted por ahí —respondió Urrea.

—¿Y el caballero es…?

—El señor Leduc, mi jefe; está a cargo de la oficina de la Secretaría de Hacienda en Europa —informó Urrea.

—Estaba —corrigió Leduc—. Actualmente la oficina yace en un baúl que contiene los archivos, y yo quedé reducido a ser un funcionario de porte tieso, evacuado y en tránsito a Lisboa.

—¿La Secretaría de Hacienda de México? Pues entonces estoy con las personas adecuadas… y entre amigos. Escuché que pensáis salir de Francia. Necesito saber si os puedo hacer un encargo.

—Si lo que necesita es un pasavante fiscal, cuente con él. Aún me queda media docena —dijo Leduc, socarrón—. ¿De qué se trata?

—Soy diputado y responsable de los fondos de la Junta de Auxilio a los Republicanos Españoles que encabeza el presidente Manuel Azaña, quien, como sabéis, está asilado bajo la protección de la bandera mexicana en el Hotel du Midi, en Montauban. Don Manuel está sumamente enfermo y teme que el gobierno de Pétain y los nazis se apoderen de lo que queda del tesoro del gobierno de la República, unos veinticuatro millones de francos oro, lo que sería una desgracia, pues con ese dinero se financia la ayuda a los refugiados. Para dotarme de inmunidad diplomática, don Manuel consiguió que la Embajada Mexicana me nombrara su asesor jurídico en Vichy. Esto ha frenado momentáneamente al gobierno de Pétain, que estaba a punto de despojarme de los poderes que tengo conferidos y apoderarse del tesoro de la República; pero si las cosas empeoran, y todo indica que así será, seré arrestado y los fondos de ayuda se perderán.

—¿Y qué quiere de nosotros?

—Que llevéis a vuestro gobierno el documento que os entregaré —dijo d'Olwer.

—¡Ah, bueno! —exclamó Leduc, aliviado—. Por un momento pensé que nos iba a pedir que cargáramos con los millones. Después del escándalo del tesoro del *Vita* y las acusaciones de Juan Negrín contra Indalecio Prieto y el Banco de México, yo no me metería en otra de esas.

—Estáis bien informado, Leduc. Pero eso no será necesario. El documento que os entregaré autoriza a vuestro gobierno a administrar esos fondos, y como México es un país neutral, ni Alemania ni Pétain se atreverán a incautar el dinero.

Leduc lo miró con curiosidad, preguntándose si d'Olwer pertenecía al mundo de los bienintencionados o de los pendejos.

—Se ve que usted no conoce a nuestros políticos revolucionarios. Quedarse con dinero ajeno es algo que les gusta más que comer con los dedos.

—Con el respeto que merece vuestra opinión, no me preocupa la advertencia que me hacéis pues la administración de esos fondos será cedida al Estado mexicano, no a nombre de un político en particular —aclaró el catalán, poniéndose a la defensiva.

—Pues aun así, allá no faltará un general que se sienta la personificación del Estado mexicano con tal de robarse el dinero. Se lo aseguro.

—Entonces… ¿la respuesta es no? —quiso saber d'Olwer.

Leduc miró a Urrea. Lo pensó por un momento y respondió.

—La respuesta es sí. Yo sólo lo prevengo sobre lo que puede pasar después de que entreguemos ese documento en la Embajada de México en Portugal —respondió.

—Entonces, ¿puedo contar con vosotros?

—Partimos mañana. Búsquenos en la embajada —dijo Leduc.

—Preferiría veros en otro lugar. Pétain y la Gestapo tienen espías dentro de la Embajada Mexicana —adujo d'Olwer.

—Pues entonces lo espero en mi hotel… y lleve original y dos copias del documento —respondió Leduc.

—Original y dos copias —repitió d'Olwer—. ¿Puedo saber para qué?

—Mañana le explicaré.

A la mañana siguiente Renato despachó los asuntos pendientes con la embajada, en donde el tercer secretario le entregó un baúl con documentos para que lo llevara a Lisboa y conservó más de la mitad del archivo que Renato había traído de París.

—Viajará en el auto de Urrea bajo bandera mexicana. Irán a Montpellier, donde pasarán la noche, y de ahí a Barcelona. Continuarán a Madrid. Ahí se encontrará con sus subalternos Loyola y Domínguez. Una vez en Madrid deberán proseguir a Lisboa. No creo que sea necesario insistir sobre la extraordinaria importancia de que los archivos lleguen a su destino —dijo el secretario Reyes.

—Ni se imagina usted la gran importancia que desde anoche le concedo a esos papeles —respondió Leduc, en tono burlón.

—Por cierto, el embajador Rodríguez Taboada me encargó que le agradeciera por todo lo que usted hizo mientras estuvo a cargo del edificio de la Embajada en París.

—Pues, como dijo el Gallo: se hizo lo que se pudo —respondió Renato, aludiendo al torero español Rafael Gómez.

—Pues si usted es el gallo ese del que habla, también supimos que metió al edificio de la embajada a muchas de sus gallinas.

—Asiladas, licenciado. De acuerdo a los tratados internacionales eran a-si-la-das… que fueron debidamente atendidas por los miembros de la misión.

—Los miembros… Sí, ya entiendo el doble sentido —dijo Reyes, guiñándole un ojo—. Y también supimos que usted repartió salvoconductos a manos llenas. Por acá llegaron treinta y tantos mexicanos que pudieron salvar el cerco alemán gracias a ellos. Y también una veintena de judíos diamantistas de Amberes.

—¡Así que los documentos dieron resultado! —exclamó Leduc, sorprendido—. Pero le aclaro que no eran salvoconductos, sino pasavantes para ciudadanos mexicanos que regresan a su país para ponerse al corriente con sus obligaciones fiscales. Eso es lo que dice la Ley de Ausencia Fiscal en vigor. En cuanto a los judíos diamantistas, se los robé al embajador de la República Dominicana, que aprovecha la guerra para hacer negocio personal, pues se puso a vender visados a precios exorbitantes. El muy cabrón.

—Pues sea lo que fuere, el embajador también me ordenó que lo felicitara por eso. A nuestro gobierno le interesó la posibilidad de que los diamantistas se establezcan en México.

—Sólo cumplí con mi deber de funcionario fiscal —se cachondeó Leduc ante el solemne tercer secretario—. Pero dé usted las gracias al embajador y dígale que le deseo éxito en su misión.

—¿Qué no se ha enterado? El embajador Rodríguez cesa en sus funciones ante el gobierno de Vichy. Fue transferido a la Embajada de México en Chile. En su lugar han nombrado al general Francisco Javier Aguilar González. Presentará credenciales en febrero.

—¿Aguilar González? ¿El que fue embajador en China? Lo conozco. Coincidimos en la División del Norte bajo las órdenes de Villa —recordó Leduc, y se preguntó qué misión tendría en la Francia de Vichy un general mexicano que, además de su experiencia revolucionaria y cargos diplomáticos, tenía fama de ser quien controlaba a los migrantes chinos que producían goma de opio en Badiraguato, en el estado de Sinaloa.

—Así es esto del servicio exterior. Ningún puesto es para siempre. Hoy está uno aquí y mañana en el lado opuesto del mundo —filosofó el tercer secretario Reyes, y añadió—: bueno, Leduc, firme usted el recibo por lo que se le entrega, el viático *per diem* hasta Lisboa incluido, y asunto terminado. ¿Algo más?

—Sí. Con esto que me da no alcanza —reclamó Leduc después de contar el dinero que Reyes le había entregado.

—¡Cómo que no alcanza! Lleva usted fondos de sobra para pagar combustibles, alojamientos y comidas.

—Pero no para sobornos. Usted debe saber que para entrar a España con un automóvil de matrícula francesa se necesita un permiso especial. Así que lo gestiona usted y me lo entrega, o me da dinero para sobornar a la guardia fronteriza.

—¿¡Pero cómo va usted a sobornar a un guardafronteras español si va a estar viajando en un automóvil bajo la protección de nuestra enseña patria!?

—Porque la corrupción se arregla con dinero, licenciado. Cuando hay guerra, los civiles no resuelven sus problemas con banderas, sino con divisa fuerte. Y no se preocupe por el buen nombre de México, que después de Perpiñán arriaré la tricolor con honores… y procederé a izar la de los dólares.

Dos horas más tarde Leduc recibió en la habitación de su hotel a Luis Nicolau d'Olwer, quien le entregó un cartapacio de cuero que Leduc, sin mirar lo que contenía ni hacer preguntas, disimuló entre los documentos del archivo diplomático de la embajada que debiera llevar con él.

—¿Trajo usted la copia que le pedí?

—Aquí la tiene —respondió d'Olwer entregándosela.

—Esto es lo que haré: el documento original ya está dentro del archivo diplomático que entregaré a nuestro embajador en Lisboa e irá a dar a manos de la Secretaría de Relaciones Exteriores de México. La copia que le pedí irá dentro del archivo que tengo bajo mi responsabilidad, el cual enviaré a la Secretaría de Hacienda. De esa manera, si alguien en Relaciones Exteriores o la Presidencia de la República intenta quedarse con los fondos de ayuda, tendrá que rendir cuentas al Secretario de Hacienda, que para eso de cuidar dinero es una fiera y gasta menos que un comunista en biblias. ¿Me entiende?

—Entiendo, y me parece una estrategia muy inteligente de vuestra parte. Pero, ya que hemos llegado a este punto, dígame, ¿qué tan confiable es vuestro Ministro de Hacienda? —inquirió d'Olwer.

—Pues… como dijo el cura confesor: está cabrón saber tanto. Pero no estaría de más que tuviera usted a mano el triplicado del documento. Por si acaso.

Renato se encontró con Leopoldo Urrea a la entrada del hotel, abordó el automóvil e iniciaron el viaje hacia el sur.

—Me siento como mula de minero cargando lingotes de oro. ¿Tú no, Leopoldo? —preguntó a Urrea.

Dos días más tarde llegaron a la frontera con España. Se encontraron con un guardia que estaba sumamente agradecido con México debido a que buena parte de su familia había tenido que huir a Francia durante la Guerra Civil y, según comentó, se encontraban en Marsella bajo la protección del Consulado Mexicano y en espera de recibir visados para viajar a Veracruz.

Eso facilitó el trámite del cruce fronterizo del automóvil con matrícula francesa en el que viajaban, y en el que prosiguieron hasta Barcelona. Al día siguiente continuaron con destino a Madrid, a donde llegaron al atardecer en búsqueda del hotel en el que ya los esperaban Loyola y Dominguitos, quienes a la mañana siguiente se adelantarían en dirección a Lisboa.

Después de alojarse, Leduc y Urrea buscaron algún restaurante para cenar, pero casi todos los que conocían habían cerrado debido al racionamiento. Terminaron en una taberna que, si bien estaba escasa de tapas, abundaba en putas. Después de tapear reclutaron a un par de ellas.

Renato dijo que tenía ganas de ir a bailar y preguntó a sus acompañantes si sabían de algún lugar que estuviera abierto a esas horas. Las putas, entusiasmadas ante la posibilidad de terminar la noche de Año Nuevo en uno de los pocos sitios de Madrid en donde el racionamiento no pasaba de ser una anécdota, sugirieron el *ballroom* del elegante Hotel Palace.

Caminaron las tres calles que los separaban del Palace, cruzaron el vestíbulo del hotel, pero al llegar a la puerta del salón de baile, Urrea —que siempre estaba atento a las cuestiones protocolarias—, se detuvo en seco.

«No podemos entrar», pensó.

En el *ballroom* las damas vestían de largo; los caballeros de etiqueta; los camareros de librea.

En ese momento la orquesta comenzó a tocar y desde las mesas, como impulsadas por un resorte, se desprendieron las parejas hacia la pista de baile.

—No creo que debamos entrar, Renato. No estamos adecuadamente vestidos para la ocasión y, además... venimos con putas —dijo, por lo bajo.

—¿Y quién te asegura que las que están bailando no lo son?

—Pues no parecen, mano. Mejor vamos a otro sitio.

—Yo tengo ganas de bailar y aquí me quedo —respondió Leduc.

Aún con dudas entre quedarse o irse, Urrea ve aproximarse a una hermosa joven que cruza el salón de baile hacia ellos, se detiene a unos cinco metros del grupo, observa con incredulidad y, acercándose otro par de pasos, pregunta:

—¿Eres tú, Renato?

Sí. Renato es Renato. Al principio él también luce confundido. La observa detenidamente... y reconoce a Leonora Carrington. Está algo más delgada y ojerosa; pero es ella. Definitivamente es ella.

La saluda, la estrecha y le pregunta qué hace ahí.

Mientras el *maître d'hôtel* busca la mesa más alejada para disimular la presencia de los recién·llegados, Leonora relata: Max Ernst había sido arrestado por la gendarmería francesa. Ella entró en crisis depresiva y fue internada en un manicomio donde recibió un tratamiento de cardiazol equivalente a tres *electroshocks*. Ahora está bien, pero debido a su nacionalidad británica no puede regresar a Francia. Su padre, el influyente presidente de la Imperial Chemical, ha ordenado a sus esbirros en España que la trasladen a Lisboa, para de ahí embarcarla a Sudáfrica, en donde será internada en otro manicomio.

Renato se impresiona con el relato. Urrea se revuelve incómodo en su silla y ordena otro brandi. Las putas, convencidas de que Leonora es una colega caída en desgracia aunque un poco deschavetada, lloran conmovidas al escuchar su trágica historia.

—Esta vida es una mierda —dice una de ellas, solidaria.

Renato reflexiona:

—En España no puedo hacer nada por ti. Las relaciones de México con el gobierno de Franco están en cero. En un par de días viajo a Portugal. Cuando llegues a Lisboa, búscame en la Embajada de México.

Leonora promete hacerlo y regresa apresurada a su mesa, en donde su guardiana-enfermera comenzaba a intranquilizarse.

—¡Viva la madre que te parió, Renato! ¡Así trata un caballero a una mujer! —exclama, conmovida, la puta que lo acompaña, quien ha decidido que, al menos por esa noche, no necesita más clientes que aquel mexicano con dólares que dice cosas interesantes y que, con un poco de suerte, quizá hasta sepa bailar rumba.

Capítulo 6

La decisión del gobierno mexicano de proteger a los perseguidos por los nazis tuvo lugar los primeros días de 1939, cuando
Alfonso Guerra, cónsul general de México en Berlín, entregó
numerosas visas de asilo a judíos askenazíes que huían de la
invasión alemana al este de Europa. Simultáneamente, la legación de México en París, a cargo en esos días de Narciso Bas-
sols, concedía las primeras visas a españoles republicanos que
estaban refugiados en Francia. Agradecidas por el trato recibido, tanto la comunidad republicana como la judía se convirtieron, *quid pro quo*, en valiosa fuente de información para el
gobierno de México, que obtuvo a través de ellas conocimiento puntual de lo que se aproximaba.

El programa de protección a los españoles y judíos marcha-
ba bastante bien hasta que, durante la primavera de ese año,
inició la disputa por el control del tesoro de la República Española entre Juan Negrín, presidente del Consejo de Ministros, e
Indalecio Prieto, presidente del PSOE y embajador extraordinario en México.

La crisis Negrín-Prieto estalló en marzo de 1939, cuando el
tesoro, valuado en cuarenta millones de dólares, fue embarca-

do por órdenes de Negrín en el yate español *Vita*, que hizo la travesía trasatlántica para trasladarlo al puerto mexicano de Tampico, de donde fue transportado por ferrocarril a la Ciudad de México.

Negrín, que a la sazón se encontraba en Londres, estaba a cargo del Servicio de Evacuación de Refugiados Españoles (SERE), y pidió a Prieto que se hiciera cargo de la administración del tesoro, pero reservándose él la dirección del SERE; sin embargo, Prieto decidió anticiparse, rompió con Negrín y fundó la Junta de Auxilio a los Republicanos Españoles (JARE) para manejar por su cuenta los generosos recursos.

El conflicto entre los dos políticos españoles tuvo graves repercusiones, pues el gobierno mexicano, cogido entre dos fuegos, suspendió la entrega de visados de asilo a los refugiados, lo que costó algunas vidas inocentes.

Finalmente, en noviembre de 1939 el gobierno de México llegó a un acuerdo con Prieto y marginó a Negrín. El presidente Lázaro Cárdenas nombró nuevo embajador en Francia a Luis Ignacio Rodríguez Taboada, hombre de su total confianza que años antes había sido su secretario particular, y quien presentó cartas credenciales ante el gobierno francés en abril de 1940.

Rodríguez Taboada restableció de inmediato el auxilio a los asilados y las visas volvieron a fluir en gran número; pero en junio, Alemania consumó su victoria militar sobre Francia, y el embajador recibió el siguiente mensaje cifrado:

Con carácter urgente manifieste usted al gobierno francés que México está dispuesto a acoger a todos los refugiados españoles de ambos sexos residentes en Francia. Diga usted que este gobierno está tomando medidas conducentes para llevar a la práctica esta resolución en el menor tiempo posible. Si el gobierno francés acepta en principio nuestra idea, expresará usted que desde el momento de su aceptación todos los refugiados españoles quedarán bajo protección del pabellón mexicano.

Asimismo, de aceptar el gobierno francés sugiera usted la forma práctica para realizar estos propósitos en la inteligencia de que en atención a las circunstancias nos dirigimos a los gobiernos alemán e italiano comunicándoles nuestro deseo. Conteste urgentemente. Presidente Cárdenas

Al cerrar la Embajada Mexicana en París, el personal se trasladó a Tours, después a Burdeos y más tarde a Bayona, en donde se estableció el Consulado General de México. Cuando la Región de Aquitania fue ocupada por los alemanes, la Embajada de México se cambió a Vichy, en tanto que el Consulado General, a cargo de Gilberto Bosques, se trasladó a Marsella.

Bosques hizo todo lo posible por mantener buenas relaciones con la Prefectura de Marsella. Tenía instrucciones de su gobierno de repatriar a los mexicanos que aún se encontraban en Europa, entre ellos un cierto número de judíos askenazíes naturalizados, así como regularizar la situación de los mexicanos de origen libanés que en ese momento se encontraban en el protectorado francés de Líbano, y que hacían intentos desesperados para regresar a México, aterrorizados por la posibilidad de que el protectorado también fuera invadido por el ejército alemán.

Otra instrucción no menos importante consistía en reanudar lo antes posible la protección consular a los republicanos españoles. Pero el humanitario Bosques fue más lejos y extendió la protección del Consulado Mexicano a judíos y perseguidos políticos de cualquier nacionalidad.

La tarea del cónsul y sus colaboradores iba a resultar descomunal, pues si los mexicanos que necesitaban protección se contaban por decenas, los republicanos españoles, los judíos y los perseguidos políticos se contaban por millares.

Previendo lo que se avecinaba, Bosques gestionó ante la Prefectura de Marsella permisos para abrir dos centros de refugiados en los barrios de Mennet y Sulevin, y arrendó dos castillos abandonados que utilizó para alojar a los asilados en tanto tramitaba los visados y salvoconductos de salida y conseguía transporte marítimo para sacarlos de Francia.

En el castillo de La Reynarde, situado al oeste del puerto, cerca de las vías del ferrocarril que va de Marsella a Aubagne, se construyeron barracas y toda clase de instalaciones y servicios para atender a ochocientos cincuenta hombres refugiados. En el de Montgrand se dio refugio a quinientos niños y mujeres. Los marselleses llamaron *les villages mexicains* a esas instalaciones.

Pero el cónsul Bosques fue mucho más allá, pues no sólo brindaba refugio y protección a los asilados, sino que organizó a los internos por oficio o especialidad profesional para que estos contaran con servicios médicos, orquesta, compañía de teatro, competencias deportivas, biblioteca y talleres. Las raciones de comida no sólo eran aceptables, sino de mejor calidad que las que conseguían los propios habitantes de Marsella, pues provenían de donativos de la Cruz Roja Internacional y la Iglesia cuáquera, y eran complementadas con víveres que el consulado pagaba con divisa fuerte a los comerciantes del puerto.

Y como suele suceder cuando casi todas las puertas se cierran a la esperanza, pronto se corrió la voz y de todos los rincones de Francia acudieron republicanos españoles, judíos y activistas políticos perseguidos por los nazis en busca de la protección del Consulado Mexicano.

Entretanto, en Vichy el embajador Luis Ignacio Rodríguez Taboada hacía esfuerzos para liberar al presidente de la República Española, Manuel Azaña, quien a pesar de su delicado estado de salud había sido capturado por la Gestapo a petición del dictador Francisco Franco. Tras arduas gestiones en las que el embajador amenazó con suspender la expedición de visas a franceses que deseaban viajar a México, y la venta de petróleo mexicano a Alemania e Italia, Azaña fue liberado y asilado en el Hotel du Midi, en Montauban, declarado sede adjunta de la legación mexicana. Sin embargo, hasta ahí acudieron una noche los sicarios de Franco con órdenes de secuestrar a Azaña para llevarlo a España y fusilarlo. Pero cuando los pistoleros franquistas, encabezados por el comisario político Pedro Urraca, se presentaron en el Hotel du Midi, les salió al paso el *attaché* militar de la Embajada de México, capitán Antonio Haro Oliva, hombre bragado y con un alto sentido del honor.

Haro Oliva tenía veintinueve años, era alto, atlético, de

facciones afiladas y tez blanca. Nadie que lo viera lo identificaría con el arquetipo que en Europa se tenía del mexicano. Había sido semifinalista en las competencias de esgrima durante los Juegos Olímpicos de Berlín, en 1936, en donde, entre otros, despachó con un contundente 3-0 al campeón francés de espada Michel Pechéux, y estaba acostumbrado a resolver disputas deportivas y de honor *à la arme blanche*.

En cuanto vio aproximarse al grupo de agentes franquistas, desenfundó la Colt .45 y les advirtió:

—¡Alto ahí, cabrones, que el señor Azaña no está solo!... ¡Al primero que cruce por esa puerta, lo atravieso!

Los asaltantes se detuvieron en el umbral del hotel, sorprendidos por lo inesperado del encuentro. Entonces, Haro Oliva reaccionó, miró de soslayo su mano derecha, y al percatarse de que portaba la Colt y no una espada, consideró propio de un caballero que estaba próximo a batirse hacer una pertinente aclaración:

—¡A balazos o a chingadazos; pero de que los atravieso, los atravieso, cabrones!

La brava reacción de Haro Oliva y lo inequívoco del mensaje disuasivo intimidaron a Urraca y sus pistoleros, que se retiraron maldiciendo y cagándose en todos los muertos del capitán mexicano.

Esas eran las circunstancias cuando Cziki Weisz arribó a Marsella después de escapar por los pelos de un inminente arresto en Burdeos.

Una vez en Marsella acudió en busca de ayuda a la Cruz Roja Internacional:

—El Consulado de México ha fletado varios barcos para evacuar refugiados. Diríjase al centro de refugiados del barrio de Mennet, tal vez aún esté a tiempo para obtener un visado y abordar —le dijeron.

La idea lo alentó. México también había sido la vía de escape de su colega y amigo David *Chim* Seymour, quien había viajado a Veracruz a bordo del *Sinaia* en 1939 para hacer un reportaje de los asilados para la revista *Life*.

Cziki decidió seguir el consejo y se dirigió hacia el barrio de Mennet. Después de asegurarse de que nadie lo seguía, se acercó a una calle de distancia del centro de refugiados. Cincuenta metros adelante distinguió el toldillo de un *bistrot*. Caminó hacia allá bajo el cobijo de las sombras que proyectaban los edificios, y al llegar frente a la puerta del negocio giró con rapidez y se introdujo en él.

Observó a su alrededor. La clientela estaba compuesta mayoritariamente por hombres con rostros de tipo mediterráneo, pero también identificó a algunos que evidentemente eran judíos. Se dirigió a la barra, pagó una botella de agua mineral y tomó asiento en un rincón en la única silla que encontró desocupada.

El vecino de silla lo saludó con una inclinación de cabeza y un *bonjour* con marcado acento español.

—¿Es usted español? —preguntó Cziki, tratando de hacer conversación y enterarse de la situación en el barrio de Mennet.

—Chileno. Busco la manera de volver a mi patria. ¿Y usted?

—Húngaro. Tratando de llegar a América.

—Pues así estamos todos, con el culo atornillado en Marsella mientras obtenemos visado de salida y cupo en algún barco.

Cziki advirtió que bajo la manga del abrigo del chileno asomaba una insignia del cuerpo de voluntarios de las Brigadas Internacionales que habían combatido durante la Guerra Civil de España en el frente de Guadalajara, donde le habían dado una madriza a los expedicionarios italianos.

—¿Ya estuvo en el centro de refugiados? —preguntó Weisz.

—¿Ve usted a esos? Todos estamos aquí por lo mismo, esperando a que dé la hora del cambio de guardia del puesto de gendarmería de la esquina para poder cruzar al otro lado de la calle y pedir asilo.

—Parece bastante fácil —observó Weisz.

—La policía de Marsella está harta de jugar al gato y el ratón con los refugiados. Saben que estamos aquí. Durante el cambio de guardia hacen de la vista gorda con los que van al centro de refugiados. De quien hay que cuidarse es de la gendarmería de Vichy.

—¿Y cuándo es el cambio de guardia?

El chileno echó una mirada a su reloj de pulso.

—En veinte minutos. Si todo sale bien, tendrá tiempo de terminar con su agua mineral.

Faltaban cinco minutos para que se cumpliera el plazo cuando se escucharon ruidos de vehículos al detenerse, alguien que daba órdenes en voz alta y pasos que se aproximaban.

En el interior del *bistrot* todos cruzaron miradas angustiosas. Algunos se pusieron de pie sin saber qué hacer o se dirigieron al fondo del negocio en búsqueda de una vía de escape, para regresar un instante después murmurando que la puerta trasera también estaba vigilada.

Un hombre de gran estatura y barriga descomunal, vestido con uniforme de la gendarmería de Vichy entró al negocio escoltado por cinco miembros de la policía local.

—*Papiers!* —ordenó el que hacía de jefe.

Los refugiados iban mostrando sus documentos de identidad al hombre aquel, quien ordenaba a los gendarmes que se hicieran cargo de los que calificaba como *étrangers indésirables*.

Weisz se volvió hacia el chileno y, con aplomo, le dijo:

—Necesito su ayuda. Usted es latinoamericano y no tiene nada que temer. Pero yo soy judío y seguramente esos hombres me arrestarán. Por favor, entregue esto al Consulado Mexicano.

El chileno lo miró, y Weisz advirtió la duda en su mirada.

—No es nada comprometedor. Son negativos fotográficos que pertenecen a unos colegas que los dejaron a mi cargo. Necesito que usted los salve.

El chileno seguía observándolo, preguntándose si debería aceptar el encargo.

—Hágalo. Se lo ruego. No tiene nada que perder —añadió, al tiempo que depositaba el paquete con las tres pequeñas cajas sobre las piernas del chileno.

El oficial de la gendarmería se aproximó a ellos.

—*Papiers!* —repitió.

Weisz mostró sus documentos.

—Weisz Imre … *hongrois?* —preguntó el hombre.

—*Oui* —respondió Cziki.

—*Voilà… autre juif!* —exclamó el jefe de los gendarmes, como si se encontrara ante el mayor de los hallazgos. Y dirigiéndose a sus subalternos, ordenó—: *Détenu!*

Weisz dirigió una mirada de resignación al chileno. Se inclinó para recoger su maleta de efectos personales, y le susurró:

—Por favor…

En Marsella existía una numerosa comunidad judía desde el siglo V, cuya esfera de influencia abarcaba prácticamente todas las actividades relacionadas con la banca, el comercio, las profesiones liberales y la intelectualidad. Cuando la guerra estalló, a los líderes de la comunidad judía, compuesta por unos cuarenta mil habitantes, no le faltaron recursos económicos para negociar con la Prefectura de Marsella —que como toda autoridad de puerto era poco dada a las prácticas racistas—, un entendimiento para suavizar el maltrato a los judíos y ser avisada oportunamente cuando los enviados del gobierno de Vichy planeaban realizar alguna redada.

Cuando Vichy exigió a la prefectura que se arrestara a los judíos del barrio Carrière para trasladarlos al Velódromo de Hiver y de ahí enviarlos a los campos de concentración en Alemania, el obispo Jean Delay publicó una pastoral que alentaba a los curas de su diócesis para darles asilo. La autoridad local, por su parte, optó por hacer sólo algunos arrestos y deportó a los detenidos en dirección contraria, hacia los campamentos de trabajo forzado del ferrocarril transahariano de Argelia y Marruecos.

Después de su arresto, Weisz y otros veinte hombres fueron llevados al centro de detención y documentación de Marsella, en donde se les declaró extranjeros indeseables y sus nombres quedaron inscritos en la lista de los que serían deportados.

Cuando se trataba de excombatientes republicanos españoles o de otras nacionalidades, correspondía a la autoridad colonial francesa decidir qué hacer con ellos. Por lo general les daban a escoger entre ingresar a la Legión Extranjera para ser destinados a alguna colonia norafricana o embarcarlos con destino a Argelia e internarlos en alguno de los doce campamentos de trabajo forzado. Sólo aquellos cuyos nombres aparecían en las listas negras eran entregados a la Gestapo para ser enviados a campos de concentración.

Pero si los detenidos eran judíos, su destino ineludible era el campamento de Berguent, en el territorio del Marruecos francés, que no obstante los abusos de los carceleros, la insalubridad, la pésima alimentación, el inclemente clima sahariano y los castigos «disciplinarios», era un destino bastante menos malo que ser prisionero en Mauthausen, en donde serían exterminados más de siete mil republicanos y judíos españoles que habían buscado refugio en Francia al terminar la Guerra Civil.

Casi todos los judíos de Berguent procedían de los campamentos de prisioneros que funcionaban en el sur de Francia desde 1939; pero sobre todo abundaban los que habían ingresado en calidad de refugiados y un año después pasaron a ser prisioneros en los campos de Argelès-sur-Mer, Le Vernet d'Ariège, Barcarès y Septfonds, o los que fueron arrestados en alguna ciudad de Provenza cuando intentaban conseguir un visado para salir de Francia. Weisz pertenecía a esta categoría, y el hecho de no figurar entre los enemigos políticos de los nazis lo salvó de aparecer en las listas de los que serían entregados por el gobierno de Vichy a la Gestapo.

Dentro de su mala suerte, a Weisz le tocó una pequeña porción de buena fortuna. El campamento de Berguent estaba ubicado exactamente a mitad del camino de los primeros objetivos del desembarco aliado —34°01'17" latitud norte y 2° 02'04" longitud oeste, al fondo a la derecha, decían las cartas de navegación—, a mil metros de altitud, sobre un pequeño oasis que, cual espejismo, surgía de entre las arenas del Sahara, con un calor que doblaba hierros durante el día y un frío que mordía las carnes por la noche, a ochenta kilómetros de Oujda y treinta y cinco de la frontera con Argelia.

Su nombre original era Aïn Bni Mathar, pero los franceses la conocían como Berguent por un suburbio en el que se había acuartelado en 1904 el Ejército Colonial Francés llamado Aberkane, que en bereber significa «la Negra».

Ahí convivían cuatro mil bereberes dedicados a la agricultura de subsistencia y el pastoreo; más de quince mil ovejas de la raza Béni Guil, treinta guardias despiadados y ciento veinte prisioneros judíos cuya identidad era estudiada por los carceleros antes de decidir quiénes serían enviados al campo de Oued Zem, situado en el corazón del territorio de Marruecos.

Ahí, en mitad de la nada, Imre Weisz Schwarz —«blanco y negro» era el significado de sus apellidos en alemán—, fotógrafo húngaro nacido en Budapest y excelente laboratorista, se preguntaba qué habría sido de su familia, de sus amigos, de sus colegas... y de las tres bomboneras con ciento veintiséis rollos de película fotográfica que había dejado en manos de un refugiado chileno en un *bistrot* de Marsella.

La respuesta tardaría casi setenta años en llegar.

Capítulo 7

Oveja nazi de pupilas grises
y piel un tanto tumefacta al tacto,
en la proximidad capciosa de tu grupa
que adivino rojiza y prepotente
mi complejo negroide se distiende
y baila rumba...

RENATO LEDUC

El Consulado General de México en Marsella estaba situado en un céntrico edificio con un inconveniente: en el piso superior se había instalado el Consulado de Japón, cuyos funcionarios espiaban las actividades de sus vecinos para informar a sus aliados nazis de cuanto ahí acontecía.

Sin embargo, esos no eran los únicos espías de los que tenía que cuidarse el cónsul Gilberto Bosques. Al intentar evacuar de Francia a los miembros de las Brigadas Internacionales que habían combatido en la Guerra de España, descubrió que entre el grupo de brigadistas se habían infiltrado dos agentes del Abwehr nazi originarios de Alsacia, que informaban a la Gestapo sobre los detalles de las operaciones del Consulado Mexicano.

En contrapartida, las acciones humanitarias del consulado se habían ganado las simpatías de patriotas franceses que trabajaban en el gobierno de Vichy y la Prefectura de Marsella y pasaban valiosa información sobre lo que se proponían hacer los agentes del Consulado Japonés, la policía de Franco, la Gestapo y la policía de Vichy.

Alertados, los procesos de documentación de refugiados se hicieron más cautelosos, y cuando Bosques fue informado de que un ciudadano chileno llevaba dos días esperando a ser recibido para entregar unos documentos, decidió extremar precauciones temiendo que se tratara de otro agente encubierto.

—¿Y dice usted que el chileno no ha pedido la protección consular de México? —interrogó Bosques a uno de sus colaboradores.

—Al parecer eso lo solucionó con las autoridades de su país. Hablé con él las dos ocasiones que vino. Le pedí que me entregara los documentos, le dije que yo se los haría llegar a usted; pero insiste en que solamente los entregará si usted accede a recibirlo. Son documentos importantes. Eso fue lo que dijo.

—¿No será otro agente de la Gestapo, como aquel que vino a solicitar visa con un estudio muy completo sobre México? —preguntó Bosques, al recordar el caso de un impostor que había estado a un paso de conseguir el visado mexicano, pero que reveló involuntariamente su identidad al despedirse de los funcionarios consulares con un enérgico y militar taconazo.

—Pues… no parece —respondió el asistente.

El cónsul reflexionó por unos instantes.

—Los espías nunca parecen espías. Téngalo siempre presente. ¿Le mostró los documentos? —preguntó al asistente.

—No. Sólo dijo que se trata de material fotográfico.

Bosques volvió a reflexionar.

Había que tomar precauciones, pero tampoco era cosa de cerrarle la puerta a todo el mundo. En circunstancias similares y a través de los refugiados, el consulado había tenido acceso a información de extraordinario valor político y militar.

—Hágalo pasar. Ya veremos de qué se trata todo este misterio.

Un hombre joven, de tipo europeo, mal vestido pero bien alimentado, llamó educadamente a la puerta del cónsul general, entró, hizo una educada reverencia y tomó asiento en la silla que Bosques le señaló.

—Agradezco a Su Excelencia que me haya recibido —dijo a modo de presentación, en perfecto español y con evidente acento chileno.

—Me han dicho que desea entregar unos documentos.

—Son estos —dijo el hombre, depositando sobre el escritorio un atado con tres pequeñas cajas—. Los recibí de un judío húngaro que fue arrestado por la policía cuando se dirigía hacia acá. Dijo que era material fotográfico muy valioso.

—Comprendo. ¿Y usted es…? —interrogó Bosques.

—Ciudadano chileno. Disculpe Su Excelencia que no revele mi nombre, pero no quiero tener más problemas.

—Entiendo su reserva. ¿Algo más que pueda hacer por usted?

—Le agradezco. Hasta hace unos días el consulado de su país era mi única esperanza; pero afortunadamente ya conseguí un salvoconducto para salir de Francia.

—¿Regresa a su patria?

—En el primer barco que encuentre… si no me atrapa antes la guerra.

—Bien, pues nos haremos cargo de lo que nos ha entregado. Que tenga usted un buen día —dijo el cónsul, dando por terminada la reunión.

Bosques desató el paquete. Advirtió que su contenido estaba acomodado en pequeños compartimentos, clasificado en francés e identificado por fechas. Tomó un rollo de los negativos fotográficos, lo situó a contraluz y advirtió que se trataba de escenas en las que aparecían combatientes y población civil de la guerra de España.

Pensó en qué hacer con ello. El consulado no contaba con personal experto en análisis y clasificación de material fotográfico. Decidió entregar el paquete a la embajada durante su próxima visita a Vichy para que ellos se hicieran cargo.

El primero de diciembre de 1940 Manuel Ávila Camacho tomó posesión como nuevo presidente de México, y muchas cosas cambiaron de manera acelerada en la política exterior mexicana. El nuevo presidente hizo cambio masivo de diplomáticos y sustituyó a los embajadores «izquierdistas» del expresidente Lázaro Cárdenas por otros que, a falta de mejor explicación, fueron calificados como «adecuados a la compleja situación internacional imperante».

Gracias a las maniobras de políticos encumbrados y amigos influyentes, el general Francisco Javier Aguilar González, quien estaba en «disponibilidad» desde finales de 1938 cuando terminó su misión en Japón y China, recibió nombramiento de enviado extraordinario y ministro plenipotenciario ante el gobierno de la Francia de Vichy, con órdenes de trasladarse inmediatamente a su destino.

Aguilar González había nacido en Ixmiquilpan, Hidalgo, en 1895 —aunque algunos decían que era nativo de Monterrey— e ingresado al Colegio Militar en 1910, en donde era cadete al estallar la Revolución. Después del asesinato del presidente Francisco I. Madero, de quien Aguilar González era familiar por parte materna, abandonó el ejército porfirista y se sumó a las fuerzas rebeldes de Pancho Villa. Combatió en las principales batallas que libró la División del Norte y ascendió de grado rápidamente, pero después de una cadena de éxitos los villistas fueron vencidos por el Ejército Constitucionalista de Venustiano Carranza en 1915.

Derrotado, Aguilar González tuvo que huir de México para asilarse en Texas, en donde pasó hambre y pobreza extrema, sufrió la muerte de un hijo, fue jornalero, conductor de taxi y contrabandista.

En abril de 1920 se adhirió a la rebelión del Plan de Agua Prieta para combatir a Carranza. Tras el triunfo de los rebeldes, Aguilar González obtuvo el grado de coronel, y una plaza de profesor en el recientemente reorganizado Colegio Militar.

Su carrera comenzó a ir en ascenso al ser comisionado como observador en el ejército francés y agregado militar en las legaciones de México en Estados Unidos, Suecia e Italia. Volvió a México a finales de los años veinte para obtener el nombramiento de subjefe del Departamento de Marina de la Secretaría de Guerra. Fue ascendido a brigadier y asignado, por segunda ocasión, a la agregaduría militar en la Embajada de México en Estados Unidos. Su buena estrella lo encumbró definitivamente en enero de 1935, cuando el presidente Lázaro Cárdenas lo designó embajador de México en Japón y embajador concurrente ante el gobierno chino del Kuomintang que, financiado con las ganancias que obtenía del contrabando de opio, sostenía una guerra interna contra los comunistas chinos y, al mismo tiempo, combatía la invasión japonesa.

Hábil en el arte de las relaciones públicas y excelente jinete, Aguilar González se convirtió en un embajador muy apreciado en la corte imperial japonesa al conseguir domar para la princesa Teru, hija mayor del emperador Hirohito, un potro de las reales caballerizas que tenía fama de arisco, y obsequiar a Su Joven Alteza una silla de montar mexicana enjaezada en plata.

De carácter demasiado bromista y desinhibido para un diplomático, Aguilar González disfrutaba de su notoriedad y fama pública, como reveló el poeta Jorge Carrera Andrade, cónsul general de Ecuador en Yokohama, quien en su autobiografía *El volcán y el colibrí* lo describía de esta manera:

> La vida social en Tokio era intensa en esos días. No sólo nos invitaban las autoridades imperiales y los cónsules latinoamericanos, sino también los embajadores de Francia, Estados Unidos, Brasil, Colombia, Chile, México. De este último país, el general Aguilar era una personalidad rebosante de ingenio, buen humor y simpatía. Todos sus actos llevaban la marca de la franqueza y la lealtad a sus ideas.
>
> «Yo fui uno de los dorados de Pancho Villa», solía decir para manifestar que no se arredraba ante nada.
>
> Cuando circuló en Tokio la noticia de que Madrid estaba en vísperas de caer en manos de los rebeldes y de que corría peligro la República, el general mexicano fue en busca de su avión particular, en el aeródromo de la capital japonesa, y alzó vuelo anunciando que iba en socorro de los republicanos españoles. Pero el avión no respondió al entusiasmo de su piloto y no pudo elevarse lo suficiente, cayendo a pocos pasos de la pista. El general Aguilar sacó de la aventura la nariz rota y algunas contusiones, salvando su vida por milagro.

Caso extraño, se rumoreaba en los corrillos diplomáticos, el de este embajador de un país latinoamericano que se había hecho cargo de su misión en Tokio con avión propio, cuando otros embajadores de México en esa época no contaban ni con automóvil. Aunque también pudiera haber sido que el embajador Aguilar González fuera más locuaz de lo conveniente para un funcionario en misión oficial, pues no en vano sus excompañeros de armas, como el también embajador de México en Bélgica y Dinamarca, Gonzalo N. Santos, lo apodaban el Loco Aguilar.

Pero al margen de sus actividades militares y diplomáticas, había otros aspectos menos conocidos en la vida de Aguilar González, pues corrían rumores de que había participado en negocios ilícitos. Sus viejos contactos con bandas de la frontera mexicana facilitaron varias operaciones para contrabandear *whisky* a Estados Unidos durante la Era de la Prohibición. Y cuando la prohibición fue abolida en 1933, se decía que había traficado con goma de opio que producían los chinos emigrados a Sinaloa, y organizado un contrabando masivo a través de las poblaciones fronterizas de Naco, en Sonora, y Douglas, en Arizona.

La droga, de acuerdo a informes del Departamento de Estado de 1939, no sólo fluía de Sinaloa a Estados Unidos. En la red también tenía participación un exoficial de la armada alemana de nombre Konrad Eckerle, quien dirigía en el número 2 de la calle de Ayuntamiento en la Ciudad de México la empresa importadora La Germania, que, según el FBI tenía como objetivo «narcotizar a la juventud de Estados Unidos» con heroína que a bordo del vapor alemán *Orinoco* enviaban de Hamburgo al puerto de Veracruz.

Los rumores que corrían tenían visos de realidad pues la asociación entre narcotraficantes internacionales y diplomáticos latinoamericanos se había iniciado en Viena en 1928, cuando Carlos Fernández Bácula, agregado de negocios de la

Embajada de Perú en Austria, contrabandeó mil quinientos kilos de heroína a Estados Unidos amparado en su pasaporte diplomático, y todo fue cosa de empezar para que otros diplomáticos siguieran su ejemplo en tan rentable negocio.

Francisco Javier Aguilar González era alto, delgado y vestía de manera impecable. Se había formado como diplomático en Estados Unidos, Europa, Japón y China. En resumen: un tipo avezado en asuntos internacionales. Al poder económico que le daban sus actividades extracurriculares, sumó alianzas con poderosos grupos militares y políticos, y con las relaciones que cultivó durante su época de embajador en el Lejano Oriente, tejió una red de intereses que se proponía extender a Europa.

Sus excelentes relaciones con los militares mexicanos le valieron para ganar su ascenso a general de brigada en enero de 1940, y a finales de ese año obtener el nombramiento de embajador en la Francia de Vichy.

Cuando presentó cartas credenciales al mariscal Philippe Pétain, el 14 de febrero de 1941, fue recibido con beneplácito. Un informe japonés sobre el nuevo embajador mexicano afirmaba que Aguilar González no sólo era simpatizante de las potencias del Eje, sino que podría ser un aliado.

No se equivocaban. El nuevo embajador, que tenía bajo su responsabilidad la administración de los fondos de ayuda para los refugiados aportados por la República Española en el exilio y el gobierno de México, no supo resistir las presiones francesas para que redujera la expedición de visados mexicanos.

Quien no tardó en notar el cambio en la relación con el gobierno del mariscal Pétain fue el cónsul general Bosques, cuando el apoyo de la embajada al Consulado Mexicano se redujo súbitamente y los trámites, que antes eran expeditos, se volvieron lentos y laboriosos.

Pero Bosques —que antes que diplomático había sido profesor, periodista, diputado anarquista y presidente del Congreso mexicano— también contaba con poderosos amigos dentro del gobierno de México e indagó lo que estaba pasando cuan-

71

do sus informantes le confirmaron que Aguilar González había sido nombrado embajador por influencias del general Maximino Ávila Camacho, hermano mayor del presidente de México y poderoso secretario de Comunicaciones y Obra Públicas.

En 1936, Bosques había disputado la gubernatura del estado de Puebla a Maximino. Su popularidad creció durante la campaña electoral, pero cuando mejor iban las cosas sufrió un atentado que costó la vida a uno de sus simpatizantes. Finalmente, su rival ganó las elecciones y desde entonces Maximino y Bosques eran enemigos irreconciliables.

Valiente y decidido como era, Bosques viajó a Vichy para entrevistarse con el nuevo embajador.

La primera reunión transcurrió entre actitudes cautelosas, propias de dos contendientes que se miden y estudian.

—Me informan, señor cónsul general, que la relación de mi antecesor, el exembajador Rodríguez Taboada, con el gobierno francés fue un tanto… digamos que conflictiva. Me gustaría conocer su opinión —dijo Aguilar González.

—Al exembajador Rodríguez, como a todos nosotros, nos tocó vivir la circunstancia extraordinaria de la invasión alemana, la caída del anterior gobierno francés y el éxodo de miles de refugiados, mexicanos incluidos, pues tuvimos que evacuar la embajada de París. En efecto, fue una relación conflictiva porque las circunstancias también lo eran —se justificó Bosques.

—La instrucción del presidente Ávila Camacho consiste en reconstruir esa relación. ¿Tiene usted alguna sugerencia que hacer?

—Que nos mantengamos firmes en el cumplimiento de los principios que norman las relaciones internacionales y sigamos brindando protección a quienes la necesitan —dijo Bosques, temiendo que el nuevo embajador echara abajo todo lo construido desde 1939.

—El gobierno francés se queja de que hemos sido demasiado generosos en la expedición de visados. Dicen que protegemos a los delincuentes, a los comunistas y a sus enemigos políticos —insistió Aguilar González.

—Conozco esas quejas. Sin embargo, le aseguro que no ha sido así. Cada caso fue consultado a nuestro gobierno. Nadie obtuvo visado sin su aprobación.

Aguilar González recordó entonces que el cónsul Bosques había sido nombrado directamente por el expresidente Cárdenas, cuyas simpatías por los izquierdistas europeos eran de sobra conocidas; pero también recordó que el presidente Ávila Camacho le había ordenado evitar fricciones con los diplomáticos mexicanos que se encontraban en Francia.

—Continúe entonces con el mismo procedimiento. De allá nos dirán qué hacer en cada caso —ordenó Aguilar para hacer notar al cónsul que en el futuro no serían los cardenistas quienes decidirían si un refugiado era admitido en México.

—Así se hará. Pero para ello necesito que vuelvan a fluir los fondos que la embajada ha retenido al consulado —respondió Bosques, cortante.

—La embajada no retiene fondos, señor cónsul. La embajada administra con responsabilidad.

—Mi responsabilidad es ayudar a los mexicanos que regresan a su país; a los que están presos sin haber cometido delito alguno en Francia; a los perseguidos por sus ideas políticas, por su raza o su religión —respondió Bosques.

—Pues cumpla usted con ella que yo cumpliré con la mía. ¿Algo más? —preguntó el embajador, poniéndose de pie.

—Sólo entregar algunos documentos reservados que pueden interesar a nuestro gobierno. En el consulado no disponemos de personal para evaluar la relevancia de ciertas cosas. Esta, en particular —dijo Bosques señalando las tres cajas que le había entregado el chileno—, considero que amerita que la estudie un experto en fotografía.

—Me encargaré personalmente de ello. ¿Regresa a Marsella?

—En el tren de esta tarde —dijo Bosques al despedirse.

Aguilar González echó un rápido vistazo a los documentos que Bosques había entregado. Apartó un par de ellos para estudiarlos más tarde. Desató el paquete con las tres pequeñas cajas, abrió una de ellas y extrajo un rollo de negativo fotográfico que tomó al azar. Se volvió hacia la ventana y miró a contraluz. Lo que vio le pareció escenas de un frente de combate. Devolvió el rollo de película al lugar que correspondía y tomó un segundo rollo para revisarlo.

Después de repetir la operación varias veces, llegó a la conclusión de que se trataba de testimonios de la Guerra Civil de España.

Decidió apartarlos del resto de los documentos que le había entregado el cónsul. Abrió el cajón inferior de su escritorio y ocultó el paquete debajo de un cartapacio de cuero repujado en el que conservaba la copia del original de sus cartas credenciales.

«Nunca se sabe lo que puedan llegar a valer estas cosas», pensó.

Capítulo 8

Si usted me permitiera, yo le daría mi nombre;
soy un hombre de pluma y me llamo Renato,
lo de la pluma es subsidiario en el hombre
mas tengo un porvenir color permanganato.

RENATO LEDUC

Los primeros días de 1941 Renato Leduc partió de Madrid a bordo del automóvil que conducía Leopoldo Urrea. Pernoctaron en Cáceres y continuaron al día siguiente hacia Valencia de Alcántara, en la frontera con Portugal, pequeña población que estaba atestada de refugiados en busca de una oportunidad para salir de España.

Cuando llegaron al paso fronterizo, el guardia civil echó una mirada a la matrícula francesa del automóvil. Se disponía a enumerar los requisitos para permitir el tránsito cuando observó los pasaportes mexicanos. El guardia no sólo les franqueó el paso, sino que les deseó buen viaje, agradecido, una vez más, porque México había dado asilo a su hermano, a quien la guerra había sorprendido del lado republicano.

Les tomó casi seis horas recorrer los doscientos cincuenta kilómetros que los separaban de Lisboa, a donde arribaron al anochecer. Y necesitaron de una hora más para encontrar, en medio del intrincado trazo de las calles lisboetas, el hotel en el que ya los esperaban Loyola y Dominguitos.

Al día siguiente se reportaron en la Embajada de México en Portugal para hacer entrega del archivo que tan trabajosamente habían transportado desde París. El primer secretario de la embajada fue comisionado para recibir los documentos. Leduc le señaló el baúl que correspondía al archivo de la Embajada en Francia. Abrió el segundo baúl, extrajo la copia del documento que Luis Nicolau d'Olwer le había entregado en Vichy, en el que autorizaba al Estado mexicano a administrar el fondo de ayuda a los asilados republicanos.

—Este documento es de extrema importancia y no consta en el inventario. Debe ser enviado en la próxima valija diplomática al secretario de Hacienda. Él sabrá qué hacer al respecto —informó.

—Lo enviaré en el siguiente barco. ¿Algo más?

—Sí. ¿Qué debo hacer mientras llega mi turno de viajar a Nueva York?

—Aquí sobra qué hacer. El embajador apreciará mucho la ayuda de alguien de su experiencia... y la de sus colaboradores.

Renato fue asignado a ejercer funciones de segundo secretario bajo las órdenes del cónsul Emmanuel Fernández, quien estaba entusiasmado de contar con el apoyo de los recién llegados, pues durante los últimos meses se había multiplicado el trabajo en el Consulado Mexicano en Lisboa. Millares de refugiados solicitaban visados para asilarse en México o hacer ahí una escala para después dirigirse a otros países de América. Cuando se trataba de refugiados españoles, la admisión por parte del gobierno mexicano era rápida; pero si eran de otras nacionalidades esta solía tardar más de un mes, y entretanto el consulado se atestaba con aquellos que acudían para enterarse del estado de su solicitud de asilo.

El flujo de refugiados crecía conforme los nazis ocupaban más territorios en Europa y el norte de África. Los funcionarios consulares trabajaban hasta doce horas diarias y apenas les quedaba tiempo para hacer una comida frugal sobre el escritorio y continuar atendiendo a los solicitantes.

De pronto las cosas se atascaron. Hasta el consulado llegó

el rumor de que una mafia había acaparado los cupos en los barcos que atracaban en Lisboa para transportar a los refugiados, y que los sobrevendía a precio de oro.

Renato fue comisionado para investigar qué pasaba con los barcos.

Llevaba quince días trabajando a todo tren cuando por fin tuvo oportunidad de tomarse un fin de semana libre y conocer la ciudad. Comparada con París, Lisboa le pareció aburrida e hipócrita, además de ser un hervidero de espías de las potencias del Eje y, sobre todo, de la policía de Franco, que trataba por todos los medios de enterarse de cuanto acontecía en el Consulado de México: cuántos republicanos pedían asilo; quiénes eran; cuándo saldrían de Portugal; hacia dónde se dirigían y qué se proponían.

Muchos de los agentes franquistas operaban en los restaurantes que funcionaban en Lisboa, la mayoría de ellos regenteados por españoles emigrados a Portugal después de la Guerra Civil, y había que tener cuidado con los camareros, que estaban al pendiente de las conversaciones de los comensales para informar a los agentes franquistas de lo que escuchaban.

Leduc aprendió a identificarlos y, cuando algún camarero que le parecía sospechoso de colaborar con los agentes franquistas se aproximaban a la mesa en la que se encontraba en compañía de alguna persona, cambiaba rápidamente el tema de la conversación y comenzaba a hablar de toros a su interlocutor, que en ocasiones era algún filósofo francés que no tenía la menor idea de lo que significaba el apasionado relato de Renato sobre las espantadas de Cagancho o las faenas triunfales de Gaona, o cualquier otra gracejada sacada de su rico anecdotario taurino.

Pronto fue conocido en ese ambiente por su pasión por la fiesta brava, y como entre los camareros abundaban andaluces y extremeños que también eran apasionados de la tauromaquia, terminó por hacer amigos en esos nidos de espías, y fue así como se enteró de que el negocio de la reventa de cupos en los barcos de refugiados estaba controlada por un grupo de judíos que había sobornado a la autoridad portuaria.

Gracias a las indagaciones de Renato, bastó con que la legación mexicana enviara una nota de protesta al gobierno portugués para que el flujo de asilados que viajaban a hacia México volviera a la normalidad.

Entretanto, Leonora continuaba presa en la habitación de un hotel de Madrid. Pero a principios de 1941 y por órdenes de su padre, el todopoderoso Harold Carrington, fue enviada a Portugal por el cónsul británico y el director de la Imperial Chemical en España.

Viajó bajo la custodia de dos enfermeras y con un visado temporal para permanecer en Lisboa el tiempo justo antes de ser embarcada a Suráfrica, en donde sería internada en un sanatorio para enfermos mentales hasta su total recuperación.

Esas eran las órdenes de Harold Carrington; pero Leonora no era una mujer a quien le agradara cumplir órdenes, y menos cuando estas provenían del hombre al que detestaba.

Al llegar a Portugal fue alojada en una mansión del siglo XVIII que la Imperial Chemical había rentado en Estoril. Su nueva prisión era amplia y de hermosos jardines, pero fría, y Leonora expuso a sus custodios un irrebatible argumento femenino como pretexto para escapar de ahí: necesitaba ropa adecuada para capear el invierno portugués y el verano austral surafricano.

Quienes la vigilaban estuvieron de acuerdo.

Viajó en tren a Lisboa escoltada por una de sus guardianas. Pero no bien salieron de la estación Leonora se perdió de vista, abordó un taxi y pidió al chofer que la llevara al Consulado de México.

Su vida iba a cambiar una vez más.

Al llegar al consulado Leonora preguntó por Renato. No estaba, pero llegaría en cualquier momento, le informaron. Dijo que era perseguida por la policía. El cónsul Fernández le aseguró que no tenía de qué preocuparse. Nadie la molestaría. Desde ese momento quedaba bajo la protección del consulado.

Era la primera ocasión en mucho tiempo en que nadie la acusaba de estar loca.

Cuando por fin apareció Renato, Leonora se abrazó a él. Y lloró. Al fin se liberaba de los esbirros de su padre.

Renato, conmovido, la tomó bajo su protección personal. La alojó en su hotel. Se comunicaban en francés. Ella con el refinado francés aprendido de sus institutrices y en las mejores escuelas para señoritas de la alta burguesía británica; Renato, con el decimonónico francés aprendido de su padre en Tlalpan —bucólico pueblo de grandes fincas y huertas situado al sur de la Ciudad de México—, quien a su vez lo había aprendido del suyo, un zuavo del ejército del mariscal François Achille Bazaine, quien en 1863 comandó la invasión del ejército de Napoleón III a México.

Al refinado francés de Leonora le encantó el expansivo y cuartelero francés de Renato, siempre salpicado de graciosas ocurrencias y dobles sentidos, pues los calambures franceses, inventados, se decía, por Georges de Vièbre para confundir al conde de Kalemburg, embajador de Wetsfalia ante la Corte de Luis XVI, eran, según Leduc, primos hermanos de los albures mexicanos, perfeccionados... por él.

Leonora quedó encantada cuando Renato —no sin dificultades, pues el doble sentido palidece con las traducciones— le contó el ingenioso calambur que don Francisco de Quevedo había dicho a la reina coja, Mariana de Austria, esposa de Felipe IV de España, llamándole *coja* en público sin que se diera cuenta, al ofrendarle dos buqués florales y, con muy mala leche, decirle aquello de «Entre el clavel blanco y la rosa roja, su majestad escoja».

Leonora se moría de risa con el doble sentido de las frases de Renato, con lo mordaz de su poesía, pero sobre todo con su simpatía y sensibilidad. Le había parecido un hombre atractivo desde aquella velada de 1939, cuando Renato había llegado al apartamento de París en el que ella vivía con Max Ernst, invitado por Leonor Fini para que conociera a Picasso, y en donde Leduc se convirtió en el centro de atracción por ese imán de novedad del que temporalmente gozan los recién llegados a un grupo hermético, y por mantener interesado y divertido al huraño pintor español durante horas.

Mientras el visado llegaba, se convirtieron en amantes.

Renato se despedía de ella por la mañana, cuando iba a trabajar en el consulado, y mientras él atendía solicitudes de asilo, ella recorría Lisboa y conocía sus calles, sus plazas, sus mercados. Y se sentía libre. Al fin.

Fue durante uno de esos recorridos que Leonora se reencontró con sus fantasmas. En un mercado, frente a ella, apareció Max Ernst. Su éxodo, según contó, había sido un poco menos trágico que el de ella.

El dinero de Peggy Guggenheim, la archimillonaria y excéntrica mecenas, hija y heredera del magnate judío-estadounidense Benjamin Guggenheim —muerto en el hundimiento del *Titanic*, en 1912—, lo había sacado del campamento de prisioneros de Les Milles; pero no solamente a él. La riquísima Peggy también se había propuesto salvar al surrealismo, o al menos a una decena de sus exponentes, entre ellos André Breton, Yves Tanguy, Marcel Duchamp y varios más.

A golpe de dólares, los había llevado a Marsella, en donde Peggy tenía su propio e inexpugnable consulado particular llamado Villa Air Bel, y también había salvado parte de sus obras artísticas de las que, para entonces y en más de un sentido, era copropietaria.

A Breton, su mujer y su hija, que contaban con documentos franceses en regla, la Guggenheim los había embarcado en el *Paul Lemerle* con destino a la isla Martinica, con la promesa de reencontrarse en Nueva York. Los demás seguían en Lisboa, a la espera de que el *Clipper* de Pan American —el gigantesco hidroavión en el que Peggy había comprado a precio de oro diez de los treinta y dos asientos— llegara por la ruta Nueva York-Azores-Lisboa, y partiera de regreso con los principales exponentes del surrealismo dentro de su fuselaje.

Entretanto, el grupo se dedicaba a recorrer Lisboa, al cotilleo, a beber. Más lo que se terciara.

Max Ernst intentó recuperar a Leonora, pero ella estaba un poco enamorada y un mucho agradecida con Leduc, que caballerosa y desinteresadamente se había ofrecido para sacarla de su infierno. La noche en que ambos fueron invitados a celebrar con Peggy Guggenheim y su séquito de pintores, escritores, amantes y exmaridos en el Leão d'Ouro, Leonora llegó sola y se adelantó a todos con su característica puntualidad británica; Renato, en cambio, que terminaba de trabajar ya entrada la noche, también llegó solo, y se retrasó con su característica impuntualidad mexicana.

—¿Cómo hacen ustedes dos, que son tan diferentes, para entenderse? —quiso saber Peggy.

—El que ama sin preguntas, ama sin respuestas —dijo Renato.

La Guggenheim quedó fascinada con el talento, la cultura y el francés de Renato, a quien ella insistía en llamar «embajador», y pasó la noche embelesada, escuchando la información política que Leduc tenía sobre los arcanos de los países que estaban en guerra, y también de los que se mantenían neutrales.

—¿Y viajas mucho, embajador? —quiso saber la Guggenheim.

—Mucho. Algunas veces lo hago con el cuerpo y otras con la mente —respondió Renato.

—¿Y por qué no viajas siempre con el cuerpo, como yo?

—Porque la mente no necesita de visados. Con ella llego más lejos en menor tiempo… y sin hacer maletas —respondió Leduc.

—¿Regresas pronto a México, embajador? —preguntó la Guggenheim.

—Si te refieres a un regreso de cuerpo presente, la respuesta es no. Al menos por ahora.

—¿Es cierto lo que me contó André Breton de México?

—¿Y qué fue lo que te contó? —quiso saber Leduc.

—Que México tiene lo mismo de paraíso que de infierno.

—Es cierto. Pero eso no creo que sea problema para alguien como tú.

—¿Por qué? —volvió a preguntar, muerta de curiosidad.

—Porque del paraíso te gustará su temperatura… y del infierno, la compañía —sentenció Renato.

A la Guggenheim le pareció que el «embajador» Leduc era el hombre más simpático y mejor informado de Europa y, por supuesto, Renato nunca reveló que si bien el Consulado Mexicano concedía visados gratis, a cambio de ello obtenía, a través de los refugiados, la mejor información sobre lo que sucedía en los países de donde habían huido, de los círculos de republicanos españoles, de franceses libres, de los apátridas, de la comunidad judía y de los campos de concentración en donde habían estado, porque nadie, entre aquella legión de perseguidos, se resistía a responder una pregunta cuando ante sí estaba la visa que lo alejaría del infierno de la guerra y lo llevaría a su próximo paraíso atemperado.

Pero pasaban los días y la respuesta a la solicitud de visado mexicano para la súbdita británica Miss Carrington, que Leduc había enviado a la Secretaría Gobernación, no llegaba a Lisboa.

Renato, en cambio, ya había sido notificado de su próximo destino: la Secretaría de Hacienda lo enviaba a la oficina de Nueva York. Mientras tanto, a Leonora se le terminaba el visado temporal para permanecer en Portugal y fue emplazada por la autoridad migratoria para abandonar el país.

Renato se preguntó qué hacer.

—Cásate con ella. Si se casan le darán la visa mexicana inmediatamente —sugirió Leopoldo Urrea, quien se había casado en Francia con una republicana española y sabía de esas cosas.

—No, mano. El matrimonio es la burocracia del amor —respondió Renato, que a los cuarenta y tres años no era de los que se cocían al primer hervor y sabía disfrutar de su soltería con disoluta vehemencia e indeclinable convicción.

—¿No la amas? —preguntó Urrea.

—Pues… no sé.

—¿Nunca estuviste enamorado?

—Nunca. Bueno, sí. Lo estuve, una vez. Fue hace mucho. En Ciudad Juárez.

—¿Y?

—No se pudo. La mamá la desanimó.

—Pero ahora se puede. Leonora es bonita, culta, inteligente. ¡Cásate, hombre! —insistió Urrea, que desde que estaba casado gustaba de hacer proselitismo en favor de la institución matrimonial.

—Me casaría para salvar mi honor y que no piensen que soy maricón. Lo pensaré —prometió Renato, bromeando.

Unos días más tarde, *Miss Carrington and Señor Leduc* contrajeron matrimonio en el Consulado Británico de Lisboa. Los casó el cónsul inglés, Mr. Darling, y a Renato le pareció que nadie podría haber elegido mejor apellido para tal ocasión. Después de la ceremonia pusieron sus papeles en regla para viajar a Estados Unidos.

Zarparon en el *Exeter* con proa a Nueva York, mientras el séquito de Peggy Guggenheim continuaba anclado en Lisboa, esperando a que amarizara el *Clipper* de Pan American, que con sus cuatro motores y los millones de dólares de Peggy Guggenheim, salvaría al movimiento surrealista que huía del nazismo.

Capítulo 9

La noche del 13 de mayo de 1942 el tanquero de bandera mexicana *Potrero del Llano* navegaba al sur de Cayo Hueso, Florida, cuando fue torpedeado y hundido por el submarino alemán U-564. Catorce marinos mexicanos murieron en el ataque. Una semana más tarde en el mismo estrecho de Florida, el U-106 torpedeó, cañoneó y hundió al petrolero *Faja de Oro*.

Al gobierno mexicano no le quedó alternativa. Decidió que declararía la guerra a las potencias del Eje y alinearía sus intereses con los Aliados, que presionaron para que, además de la declaración de guerra a Alemania, Italia y Japón, México rompiera relaciones diplomáticas con la Francia de Vichy. Sin embargo, los trámites previos al rompimiento tomaron seis meses más y encontraron varios inconvenientes. El primero de ellos fue la renuncia del embajador Aguilar González, de quien se tenía información de que simpatizaba con las potencias del Eje, hacía negocios de contrabando con la mafia marsellesa y se sospechaba que había estado reteniendo los fondos de ayuda a los asilados para provecho propio.

El más indignado con lo que estaba pasando era Luis Nicolau d'Olwer, quien había seguido el consejo de Leduc y conservaba una copia de la entrega de fondos que la Junta de Auxilio a los Republicanos Españoles hizo al gobierno de México, y entró en conflicto con Aguilar González en cuanto notó que los fondos de ayuda dejaban de fluir.

Cuando el escándalo estalló, el embajador negó las acusaciones y ofreció restituir el flujo de la totalidad de los fondos de ayuda a los refugiados. Pero la Cancillería Mexicana decidió cortar por lo sano y lo destituyó sin más averiguaciones durante la primavera de 1942.

Furioso, Aguilar González empacó para regresar a México en donde —según dijo al despedirse del personal de la embajada— se proponía luchar para aclarar las insidias políticas y limpiar su nombre.

Acompañado de su esposa, viajó a Portugal a través de España con veinte baúles de equipaje marcados como valijas diplomáticas. Una vez en Lisboa embarcó a su esposa y pertenencias con destino a Nueva York. Regresó a Francia y al poco tiempo volvió a partir con destino a Londres, de donde viajó a Nueva York para reunirse con su familia. Continuó el viaje en tren por Estados Unidos y, finalmente, arribó a la Ciudad de México.

Tras la salida de Aguilar González la relación con el gobierno de Vichy entró en proceso de deterioro. La Embajada Mexicana quedó temporalmente a cargo del cónsul general Gilberto Bosques, nombrado para el efecto encargado de Negocios *ad interim*, y el 10 de noviembre de 1942 recibió instrucciones de la Cancillería de presentar al gobierno del mariscal Pétain la nota de rompimiento de relaciones diplomáticas.

Antes de proceder, Bosques ordenó destruir e incinerar el archivo de la embajada para evitar que cayera en manos de la Gestapo. Al revisar los expedientes que serían destruidos, notó la falta de algunos documentos, entre otros los que meses antes había entregado personalmente al exembajador Aguilar González.

—¿Sabe usted si el general llevó consigo documentos del inventario? —preguntó al primer secretario.

—Recuerdo que apartó algunos expedientes. Dijo que se trataba de información reservada de extrema importancia que entregaría personalmente a la Cancillería.

—¿Y qué sucedió con unas cajas... como de este tamaño? —preguntó Bosques, indicando con las manos el tamaño de las cajas a las que se refería.

—No estoy seguro —dudó el secretario—. Todo lo hizo de prisa. Se fue de aquí como con veinte baúles.

—¡Veinte baúles! ¡Pero si estuvo en Vichy menos de dos años! Bueno, pues terminemos con esto. Estoy seguro de que la Gestapo aparecerá por aquí en cuanto las autoridades alemanas se enteren de que hemos roto relaciones con Vichy.

Bosques no se equivocaba. Al día siguiente la Gestapo asaltó la Embajada Mexicana. Arrestaron a los españoles que se encontraban ahí en ese momento, entre ellos a Luis Nicolau d'Olwer, y al no encontrar archivos que confiscar, incautaron los caudales del fondo de ayuda a refugiados que la legación resguardaba en una caja fuerte. Bosques reclamó su proceder al oficial alemán a cargo de los energúmenos de la Gestapo. Después de presionarlo logró que firmara un recibo por el dinero incautado.

A toda prisa, se reunió con el embajador de Suecia en Vichy, a quien entregó el recibo firmado por el oficial alemán y otros documentos, y le rogó que fuera su custodio y se hiciera cargo de los intereses mexicanos porque «nosotros pronto estaremos presos», le dijo. El embajador sueco aceptó.

Entre funcionarios, familiares y civiles, los alemanes apresaron a cuarenta y tres mexicanos que entregaron a la policía de Vichy. Fueron enviados en condición de «retenidos» a Amélie-les-Bains, en los Pirineos, de donde la autoridad francesa pensaba deportarlos a España. Pero la Gestapo intervino una vez más y en lugar de permitir la deportación a España ordenó su traslado a Mont d'Or, en el departamento de Clermont-Ferrand, y desde ahí, en condición de prisioneros de guerra, a la población de Bad Godesberg, situada en las cercanías de Bonn, en donde les dieron el Hotel Rhein Dreesen por cárcel mientras se celebraban negociaciones para ser canjeados por diplomáticos, espías y ciudadanos alemanes que, a su vez, se encontraban presos en México.

A su regreso a México Aguilar González fue declarado «en disponibilidad» por la Secretaría de Relaciones Exteriores, mientras se aclaraban las acusaciones que pesaban en su contra. Casi todos los documentos extraídos del archivo de la legación de México en Vichy, entre los que se contaban tres cajas con negativos fotográficos, fueron guardados bajo llave en un armario de la casa del general en la Ciudad de México.

Aguilar González se dedicó de tiempo completo a luchar por su rehabilitación y, no obstante el expediente de contrabandista que le habían abierto tanto el FBI como la Office of Strategic Services estadounidense, sus relaciones con los militares, políticos y banqueros más influyentes de México lo pondrían una vez más a flote y antes de dieciocho meses estaría de regreso en el servicio diplomático.

Entretanto, en el campamento de Oued Zem los prisioneros no dejaban de trabajar partiendo piedra para el ferrocarril transahariano. Ni de soñar. Algunos soñaban con el banquete que se darían en cuanto la guerra terminara y fueran liberados. Otros soñaban con escapar rumbo a la costa de Marruecos, en donde planeaban apoderarse de una embarcación y huir en dirección al archipiélago de las islas Canarias. Y otros, como Imre Weisz, se preguntaban qué habría sido de sus familiares y sus colegas; qué de *Chim* Seymour, quien había viajado a México en el *Sinaia*; y qué de Katherine Deutsch, la fotógrafa húngara que en su adolescencia había sido novia de Bandi, es decir, de Endre Friedmann, es decir, de Robert Capa, con quien se habían reencontrado en el verano de 1937 en la Gran Vía de Madrid, y quien, según le había contado un anarquista español, ahora se llamaba Kati Horna y estaba casada con el pintor y escultor español José Horna.

Cziki, entretanto, se repetía en magiar: *ellenáll, túlél… ellenáll, túlél… ellenáll, túlél*, convencido de que si resistía, lograría sobrevivir.

Al otro lado del Atlántico, en la calle 89 Oeste de Manhattan, hogar de la familia Friedmann, Robert Capa conspiraba con su hermano Cornell para rescatar a Imre Weisz.

Cornell había emigrado a Estados Unidos en 1937 y trabajaba en el laboratorio fotográfico de la revista *Life*. Había hecho algunos contactos con la hermandad internacional de fotógrafos para rastrear por dos continentes el paradero de Weisz. El rastro los condujo de Marsella a Marruecos, y un rumor captado por un colega que regresaba de África les confirmó que Cziki estaba preso, pero podía ser rescatado por la vía de Casablanca.

La neutralidad que Estados Unidos guardó celosamente hasta el 7 de diciembre de 1941 permitió a los hermanos Capa continuar reuniendo información para asegurar el rescate de Cziki, pero en cuanto Hitler declaró la guerra a Estados Unidos algunos contactos les informaron que el alto mando estadounidense planeaba invadir el norte de África. La Operación Torch comenzaba a tomar forma. Una tenaza del desembarco aliado apuntaba hacia Casablanca; otra, hacia Orán; y la tercera, hacia el corazón de Túnez. Los hermanos Capa concluyeron que si la guerra alcanzaba Marruecos, Cziki tendría pocas posibilidades de salir con vida.

No podían esperar más tiempo. Sus contactos les sugirieron intentar la liberación por medio de sobornos a las autoridades. No fue necesario: el 11 de noviembre de 1942 el almirante Darlan rompió con Vichy y se pasó del lado de los Aliados. Los prisioneros de los campos del norte de África fueron liberados e Imre Weisz salió de Casablanca rumbo a la libertad a bordo del crucero portugués *Serpa Pinto*.

Tras varias semanas de navegación llegó a Veracruz en 1943 junto con un contingente de republicanos españoles, sin papeles, sin dinero, sin trabajo y con los conocimientos básicos del idioma que había adquirido durante la travesía.

La población de Veracruz los recibió con grandes muestras de amistad y mientras las autoridades voceaban algunos nombres entre los pasajeros, Czicki observaba desde la borda a un hombre que diestramente tajaba piñas y otras frutas tropicales que no pudo identificar y, una vez cortadas en enormes y jugosas rebanadas, las colocaba sobre un gran trozo de hielo en el mostrador de un puesto improvisado en el muelle de desembarco.

Se le hizo agua la boca tratando de recordar cuándo había sido la última ocasión que había comido una piña.

Mientras concluían los trámites de desembarco y por su falta de dinero, pensó en dirigirse en bicicleta de Veracruz a la Ciudad de México, tal y como lo había hecho al huir de París, pero desistió al enterarse de que entre ambas ciudades se alzaba una cordillera que superaba los dos mil metros de altitud.

«Ni Roger Lapébie, el Conquistador de Los Alpes, ganador de la novena etapa del *Tour de France* de 1937, lo conseguiría», pensó.

Decidió permanecer con el grupo de republicanos españoles y fue conducido a las instalaciones del Centro de Documentación y Ayuda a Refugiados en donde, mientras esperaban, fueron alimentados y atendidos por médicos, enfermeras y voluntarios.

Después de comer, se formó en la fila y esperó su turno.

Cuando finalmente fue llamado, le quedó claro que nadie lo esperaba y que tal vez estaba en el sitio equivocado.

—Entonces, ¿usted no es español?

—*Hongrois*… —respondió Weisz, mecánicamente, como había respondido durante los últimos dos años cada vez que hacía fila y alguien lo interrogaba sobre su nacionalidad.

—¿*Angros*? ¿Y qué coño es eso? Debe ser un país muy lejano. Nunca he escuchado hablar de él. Aquí han llegado libaneses, alemanes, franceses, holandeses, checos, egipcios, españoles… y también catalanes.

—Judío. Sin documentos —tradujo, con el poco español que había aprendido con los republicanos durante el viaje.

—¡Ah, judío! De esos también han venido. Antes pocos, pero ahora llegan muchos. ¿Se dirige a la Ciudad de México? —interrogó el voluntario.

—Sí —respondió.

—¿Tiene dinero para pagar el pasaje del tren?

—No.

—¿Familiares? ¿Algún amigo que responda por usted?

—No... es decir, sí. En Ciudad de México buscaré a Katherine Deutsch, que ahora se llama Kati Horna —corrigió Weisz, pues temió ser rechazado si decía que nadie lo esperaba.

—Pues entonces fórmese en aquella fila. Allá atienden a los que no tienen dinero y no tienen familiares en México. ¿Entendió?

Cziki respiró aliviado. Se volvió hacia la otra fila y señaló hacia allá.

—Sí, allá. Fórmese allá. Allá lo van a atender. El que sigue...

—*Túlél... túlél... túlél* —se repitió en magiar.

Después de documentado, Weisz fue conducido junto con otros al salón comedor del Centro de Ayuda, en donde les sirvieron una cena de huevos revueltos, pan dulce y café. Hacía menos de tres horas que les habían servido un abundante almuerzo, y pensó que en México lo único que no escaseaba era la comida. Pasó la noche sobre un catre de lona. Un voluntario del centro le ofreció una cobija, pero debido al calor del trópico Cziki decidió dormir sólo con la ropa que llevaba puesta.

Transcurrió casi una hora en estado de duermevela, observando la luz intermitente del faro de Veracruz que se colaba por el ojo de buey de la parte superior del edificio, y preguntándose qué sería lo que le esperaba en el único país del mundo que le había abierto las puertas.

Finalmente, se quedó dormido.

Los despertaron antes del amanecer y los condujeron a otro salón del interior del edificio. Ahí les entregaron una pastilla de jabón, estropajo y toalla. Tras bañarse y afeitarse fueron llevados al salón comedor. El desayuno que les ofrecieron era el más abundante de cuantos recordaba en los últimos dos años. Cziki estaba fascinado con el color, olor y dulzura de la fruta tropical y apenas probó otros platos. Comió fruta a reventar, y como no sabía cuándo tendría otra oportunidad de hacerlo, decidió guardar un par de naranjas en los bolsillos del pantalón.

A las siete de la mañana lo sacaron al frente del edificio junto con el grupo de refugiados. Caminaron tres calles y se encontró ante la estación del ferrocarril.

—El tren a la Ciudad de México sale en una hora. No se alejen de aquí o lo perderán —dijo el que hacía de guía del grupo, mientras entregaba los pases para abordar.

—No tengo dinero —dijo Weisz al recibir el suyo.

—El pasaje ya fue pagado por el Centro de Ayuda a Refugiados.

Cziki lo recibió agradecido.

—Al llegar a México serán recibidos por alguien del Centro. Allá les dirán qué hacer —siguió diciendo el guía—. ¿Alguna pregunta...? Bien, feliz viaje y bienvenidos a México.

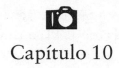

Capítulo 10

Después de un turbio amor fui usufructuario
y hube mujer a título precario
por no incurrir en vicio solitario...

RENATO LEDUC

El *Exeter,* con Renato y Leonora mirando a la distancia los rascacielos de Manhattan, y el *Clipper* de PanAm, con el séquito
de Peggy Guggenheim mirando los mismos rascacielos desde
arriba, llegaron a Nueva York casi a la par.

La oficina de la Secretaría de Hacienda en Nueva York
asignó a Renato un departamento que un colega había dejado
disponible unas semanas antes, ubicado en el 306 de la calle 73
Oeste, en el Upper West Side, un barrio de clase media con edificios de vivienda construidos en las últimas décadas del siglo XIX
y principios del XX.

Max Ernst y Peggy Guggenheim, su amante y mecenas, se
alojaron en la mansión de ella, situada en Sutton Place, elegante barrio de millonarios, diplomáticos de alto rango y celebridades. Jamás se habrían encontrado con Carrington en una
ciudad del tamaño de Nueva York, donde cada persona equi-
vale a un átomo dentro de su inmenso plasma social, pero un
día Leonora, en uno de sus paseos neoyorkinos, visitó la Galería Pierre Matisse y se topó con ellos.

Ernst, examante de una y amante en turno de la otra, quiso
celebrar el reencuentro y organizó una cena en la mansión Gug-

genheim. Como Leonora insistió, Renato aceptó en asistir. Y ahí, en diferente ciudad pero con la misma gente, estaban todos los de Lisboa, otra vez: Max Ernst, Marcel Duchamp, André Breton, el viejo maestro cubista Amédée Ozenfant y Luis Buñuel, el único con quien Leduc simpatizaba desde sus tiempos en París y que en ese momento era jefe de montaje de documentales del Museo de Arte Moderno de Nueva York. Mientras la Guggenheim y su séquito conversaban en inglés y francés, Buñuel y Leduc, que se desenvolvían sin dificultad en ambos idiomas, se apartaron para conversar en español, recordar los viejos tiempos parisinos, hablar de conocidos mutuos y burlarse de todo.

Ambos eran, sobre todas las cosas, geniales, claridosos, ateos e irredentos antisolemnes, y les aburrían mortalmente las conversaciones sobre la grandiosidad creativa de esa sociedad de elogios mutuos gobernada por la Guggenheim.

—Es de agradecer lo que hace tu país por los refugiados españoles —dijo Buñuel, sin sospechar que, cuatro años más tarde, también él se contaría entre ellos.

—A México le vendrá bien un reencuentro con Europa. La Revolución hizo que nos metiéramos demasiado adentro de nosotros mismos, y lo que descubrimos resultó demasiado cruel y despiadado —respondió Leduc.

—¿Y qué hace Diego Rivera?

—El ridículo. Se casó con una amiga mía que es veinte años menor que él. Pelean todo el tiempo.

—Tú también eres bastante mayor que Leonora —le recordó Buñuel.

—Pero a diferencia del Panzón Rivera, yo no peleo. Adapto mi tiempo y edad a los de ella. Sé a lo que me expongo, pero prefiero una mujer bonita para dos, que una fea para mí solo.

—Mi padre era bastante mayor que mi madre. Veinte o treinta años. Creo —reflexionó Buñuel.

—Ahí tienes. Tu padre era de los míos —se justificó Renato.

—¿Te rejuvenece vivir con una mujer joven?

—El hombre, mientras no haya mengua, tiene la edad de la mujer que acaricia —respondió Renato, sentencioso.

—Tomaré en cuenta eso de la mengua. Mi mujer, Jeanne, aquella que ves allá, fue medalla de bronce en gimnasia en los Juegos Olímpicos de 1924. Te podrás imaginar...

—Lo imagino —dijo Leduc, ahogando una carcajada.

—¿Te ríes de mí? —reclamó el aragonés, socarrón.

—No es de ti de quien me río, Luis. Imagino lo que tendría que hacer el Panzón Rivera en la cama si Frida Kalho hubiese sido campeona olímpica de gimnasia. O yo, si la campeona fuera Leonora.

Buñuel no pudo contener una carcajada, que hizo que los del otro grupo se volvieran a mirarlos.

Como había sucedido en Lisboa, Renato pasaba la mayor parte del día en la oficina. Dejaba el departamento de la calle 73 después de las ocho de la mañana y regresaba ya entrada la noche. En ocasiones almorzaba con Leonora en algún restaurante cercano a Central Park, pero casi siempre terminaba por ordenar algún bocadillo y comía, como el resto del personal, sobre su escritorio, pues la importancia de los asuntos que resolvía le tomaba todo el día y parte de la noche.

La oficina había sido abierta en 1926 por Arturo Elías, cónsul general en Nueva York, después de recibir instrucciones del presidente Plutarco Elías Calles para apoyar con trescientos cincuenta mil dólares a los sindicalistas de la huelga del carbón en Inglaterra. El objetivo de Calles —cuya ley petrolera había sido boicoteada por el gobierno británico— consistía en dejar sin carbón a la industria del Reino Unido para hacerla depender del petróleo mexicano, lo que consiguió durante un tiempo.

Desde esa oficina también se habían girado los fondos secretos para patrocinar el Congreso de las Naciones Oprimidas, celebrado en Bélgica en 1927, que se había pronunciado enérgicamente contra el colonialismo europeo, lo que fue una manera velada de condenar internacionalmente la política exterior de Gran Bretaña.

En resumen, la oficina de Leduc en Nueva York era un centro de subversión internacional en donde se habían fraguado toda clase de complot contra los enemigos del México revolucionario, y para 1941 estaba convertida en el centro operativo que contrataba a las navieras que transportaban desde Europa a los refugiados que iban a México.

Aunque lo deseara, Renato carecía de tiempo libre para tomar el té de las cinco en compañía de Leonora, quien dejaba el departamento de la calle 73 una hora después de que Renato había salido para verse con Max Ernst y vagar de parque en parque o de museo en museo, hasta que daba la hora de volver al departamento antes que Leduc lo hiciera.

Renato no sólo admitía la cotidiana trashumancia de Leonora, sino que la justificaba porque le servía como terapia en sus días de depresión y recurrentes desvaríos, cuando la acosaban los negros recuerdos del tiempo pasado en Saint-Martin-d'Ardèche y en el manicomio de Santander.

Una noche, al volver a casa, Leonora le contó, con el mismo tono con que una niña malcriada narra sus travesuras, que había almorzado en un restaurante muy elegante, y como habían caminado mucho por Central Park y le dolían las piernas, sintió deseos de untarse mostaza en la planta de los pies.

—Espero que haya sido mostaza de Dijon. La mostaza americana es una mierda —dijo Renato.

—Era de Dijon.

—Menos mal. ¿Y lo hiciste? —preguntó Renato, cada vez más interesado.

—Sí. El *maître* nos echó del restaurante.

—Pues eso no es nada. En México tengo un amigo que se llama Jaime Luna. Es crítico de teatro, bebedor empedernido y muy aficionado a la marihuana. Un día le pregunté si era verdad que los dipsómanos tenían visiones de alimañas que los atacaban. ¿Sabes qué respondió? Me dijo: «¡No es cierto, mano! ¡A mí, lo único que me ha llegado a pasar es que la cabrona rana que está frente al Campoamor me persiguió por la calle de Bolívar tratando de darme de guitarrazos!».

—¿Qué es el Campoamor? —quiso saber Leonora.

—Un restaurante al que van los bohemios de la Ciudad de

México. En la esquina de enfrente hay una pequeña plaza con la escultura de una rana tocando la guitarra. Ahí podrás embarrarte los pies con mostaza cuantas veces quieras sin que te echen. El propietario y los meseros son amigos míos.

Leonora celebró la anécdota a carcajadas, mientras Renato la observaba y pensaba que si estaba loca o lo fingía, él no tenía derecho a juzgarla, pues a lo largo de su vida había conocido a otros más locos que ella.

En otra ocasión, al volver de noche al apartamento, Renato encontró a Leonora llorando.

—¿Qué te pasa? —preguntó, más por solidaridad conyugal y mera cortesía, pues sabía de sobra que las mujeres generalmente lloran sin motivo, y cuando lo tienen no dan explicaciones.

—Nada —fue la respuesta.

—No llores, Leonora, que la que mucho llora muy escaso mea —dijo en francés, provocándole un ataque de risa.

Pasados los meses, Leonora estaba convencida de que Renato no sólo era su protector sino que, con sus ocurrencias, resultaba su último recurso y mejor terapia contra la depresión. Era el único al que no le perturbaba lo que hacía ni por qué lo hacía. Nunca le preguntaba si lo amaba ni la acosaba con interrogatorios, y encontraba de lo más natural sus aberraciones. En resumen, se hizo tan adicta a él como a un antidepresivo, y concluyó que, a diferencia de Breton o Max Ernst, Renato era un «surrealista natural».

El día que se lo dijo, Renato respondió:

—*Naturellement*. ¿Qué, no lo habías notado?

A principios de 1943 Leonora Carrington comenzaba a tener cierto éxito artístico en Nueva York. Participó en una exposición colectiva de pintoras surrealistas, obtuvo crítica favorable para su obra en los diarios y una millonaria excéntrica, amiga de Peggy Guggenheim, pagó doscientos dólares para que decorara un muro de su departamento.

El trabajo había logrado que Leonora se mantuviera ocupada y alejada de sus fantasmas.

Renato, en cambio, estaba harto de Nueva York. Nunca le habían simpatizado los yanquis. Continuaba añorando la vida de París y, ante la imposibilidad de regresar a Europa por la guerra, decidió que era hora de volver a México. Habían pasado casi diez años desde que se había embarcado en el *Orinoco*, en Veracruz. Durante su estancia en Nueva York se veía frecuentemente con mexicanos que visitaban la ciudad por asuntos oficiales, y generosamente se ofrecían a ayudarlo cuando volviera a la patria.

Un día decidió que ya había tenido suficiente. Contó sus ahorros y calculó que disponía de fondos suficientes para sobrevivir durante seis meses, mientras encontraba un trabajo.

Presentó su renuncia a la Secretaría de Hacienda y dijo a Leonora que deseaba regresar a México.

—¿Vendrás conmigo?

—¿Ha pasado algo?

—Nada, simplemente estoy harto de los gringos y de esta ciudad negra, fría y lluviosa. Hace diez años que no estoy en mi país y creo que es hora de regresar.

—¿Crees que me pueda adaptar?

—Te lo aseguro. La gente es sencilla y amistosa. Pero lo que más te va a gustar de México es que todos están locos.

—¿Como yo?

—No. Como yo. Lo tuyo es pasajero.

Unas semanas más tarde tomaron el tren en Grand Central Terminal, que con su característica puntualidad los llevó a Chicago y más tarde a Texas, en donde transbordaron al ferrocarril mexicano, que con su característica impuntualidad los depositó en la estación de Buenavista varias horas después de lo programado.

Tras diez años de ausencia, Renato encontró la Ciudad de México sumamente cambiada. Los monumentales edificios públicos del porfiriato, cuyas obras había interrumpido el estallido de la Revolución, ahora estaban terminados.

La ciudad había perdido su imagen provinciana para convertirse en una urbe cosmopolita. Del subsuelo pantanoso habían surgido los primeros rascacielos de La Nacional, el Edificio Corcuera, y ya asomaba la estructura de hierro de la Torre del Moro de la Lotería Nacional.

Las cantinas, a las que Renato era tan afecto, se habían transformado en bares de *cocktails*, y en un insólito desafío al acendrado machismo mexicano aparecieron los primeros *ladies-bars*.

Las fondas estaban en proceso de extinción y en su lugar prosperaban los restaurantes y fuentes de sodas «tipo americano». Los que antes eran coroneles habían ascendido a generales, y los justicieros generales revolucionarios se transformaron en políticos corruptos; los excondiscípulos de la vieja Escuela de Leyes habían dejado a un lado la poesía y la literatura para ser jueces, magistrados, subsecretarios.

La que una vez había sido llamada por Álvaro Obregón «tristemente célebre Ciudad de México» en honor a su añejo conservadurismo, treinta años más tarde era una urbe en donde se habían refugiado los líderes de la izquierda europea, como León Trotsky, Indalecio Prieto o Vittorio Vidali.

Tras diez años de ausencia, Renato se sumergió encantado en aquella mescolanza en la que, mientras en los viejos barrios aún se respiraba el pasado rural y se arreaban guajolotes por las calles, en los sofisticados cafés y bares del Paseo de la Reforma se discutía sobre la traducción al español que había hecho Javier Villaurrutia de la obra de André Gide, el avance de los Aliados en Europa o la inminente derrota de Hitler en el frente oriental.

A Leonora, en cambio, el experimento mexicano la confundió.

México no era Europa ni Estados Unidos, sino una compleja mezcla de ambos con una nación que continuaba siendo profundamente indígena.

Cada quien volvió a su mundo. Renato al reencuentro gustoso con lo que se había perdido durante su larga ausencia europea. Leonora, por su parte, se sorprendió al hallar asilados en México a surrealistas e intelectuales que había conocido en París, y se refugió en su seno.

Sin darse cuenta, dos que buscaban un futuro común volvieron al pasado individual.

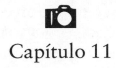

Capítulo 11

No siempre puede el hombre escoger su camino,
bien porque tiene el ánimo raez, torpe o mezquino
o bien porque no sabe cómo ni cuándo vino.

RENATO LEDUC

Nadie esperaba a Imre Weisz en la Ciudad de México, pero el Centro de Ayuda a Refugiados continuó siendo su tabla de salvación. Gracias a él logró hacer contacto con su amiga de juventud en Budapest y también asilada, la fotógrafa húngara Katherine Deutsch.

Kati había vivido durante la Guerra Civil en España, donde trabajó de 1937 a 1939 como fotoperiodista para las publicaciones *Mujeres Libres* y *Tierra y Libertad*. La nueva Kati conservaba sólidos lazos de amistad con los principales dirigentes del movimiento anarquista español asilados en México tras la derrota republicana, como el editor catalán Ricardo Mestre, a quien pidió que alojara temporalmente al recién llegado Weisz.

El sentimiento de solidaridad entre los refugiados anarquistas era muy fuerte, y Mestre lo alojó en una pequeña habitación que había sido cuarto de trebejos, ubicada al fondo de la casa que él ocupaba, y al saber que Cziki era fotógrafo, dijo que lo presentaría con el anarquista ruso y también fotógrafo Senya Flechine.

—¿Senya Flechine está en México? —preguntó Weisz, incrédulo.

—¿Lo conoces?

—Por supuesto. Lo conocí en París. Es un maestro en el manejo de la luz. Fue director del Studio Harcourt. Un genio de la fotografía pictorialista y uno de los creadores de la corriente fotográfica llamada Nueva objetividad. Senya Flechine es quien mejor maneja la expresión del cuerpo humano a través de las manos de sus modelos. Un revolucionario de la fotografía —dijo Weisz entusiasmado.

—Y del anarquismo —añadió Mestre—. Creo que tiene el record mundial de deportaciones. Fue expulsado de, al menos, cuatro países, y ahora vive aquí con Mollie Steimer, su esposa, también anarquista. Llegaron a México hace un par de años, abrieron un estudio en la calle de Artes y en poco tiempo se convirtió en el fotógrafo preferido de los intelectuales, políticos y artistas mexicanos. Es un buen amigo. Podría ayudar a conseguirte un trabajo.

Al día siguiente, Mestre y Weisz se presentaron en el estudio de Flechine, quien reconoció de inmediato a Cziki. Conversaron animadamente sobre los tiempos de París. Descubrieron que ambos habían estado en Marsella en busca de un visado mexicano para escapar de los nazis y, antes de despedirse, Flechine le regaló una cámara usada para que Weisz se consiguiera un ingreso y reiniciara su vida profesional en México.

—Un fotógrafo sin cámara es como una flor sin aroma —dijo—. Y una última recomendación: aquí no eres Cziki Weisz. Ningún mexicano puede leer tantas consonantes juntas. Aquí eres Chiqui. Haz como hice yo. En México no soy Simón Isaacovich Flechine ni Senya Flechine, sino Semo, el Fotógrafo de las Estrellas… y las estrellas, que en Europa los nazis nos obligaban a zurcir en nuestras ropas, aquí pagan bien —dijo entre risas.

—¿Qué significa *Semo*? —quiso saber Weisz.

—Todo y nada. Luz y sombra. Anarquía y orden. Semo significa «Simón y Mollie». Ella y yo somos todo lo que queda de nuestro pasado. Sigue mi consejo, Chiqui, si deseas volver a vivir, mata tu pasado.

Hacía algún tiempo que Imre Weisz no se despertaba en

mitad de la noche, atormentado por la recurrente pesadilla del hambre, los trabajos forzados y la falta de higiene que lo había acosado en el campo de concentración de Oued Zem, y dejado secuelas emocionales que de manera casi mágica desaparecieron al desembarcar en Veracruz. Pero al tratar de seguir el consejo de Senya Flechine, sobre matar su pasado para seguir viviendo, se enfrentó a un obsesivo sentimiento de culpa que le provocaba ansiedad y depresión por no haber logrado salvar los negativos del laboratorio de la rue Froidevaux.

Durante sus noches de insomnio, repasaba el contenido de cada una de las tres bomboneras, y así como otros insomnes contaban borregos para conciliar el sueño, Chiqui relacionaba mentalmente cada una de las anotaciones que había escrito en la contratapa de las bomboneras con el tema del filme contenido en los compartimentos, y con los ojos cerrados y los labios entreabiertos, noche tras noche se repetía:

34. LARGO CABALLERO... 64. LA VIE COLLECTIVE CHEZ LES PAYSANS... 75 y 76. BATALLE DE BRUNETE...

Cuando el cansancio finalmente lo vencía, se quedaba dormido abrazado a la almohada.

Se levantaba al amanecer, se daba un baño de agua fría, preparaba un café fuerte y negro en la hornilla de la habitación y salía de la casa de los Mestre sin hacer ruido, con la cámara que le había regalado Flechine en ristre, dispuesto a captar el instante presente para matar el pasado.

Una noche soñó que recibía un telegrama en el que Robert Capa le anunciaba que viajaría a la Ciudad de México. Y la ansiedad reapareció.

Se preguntaba cuál sería la reacción de su amigo al enterarse de que los negativos se habían perdido.

En su sueño, Weisz acudía a recibir a Capa con un sentimiento de culpa reflejado en el rostro; pero en cuanto se encontraban y sentía su abrazo vigoroso y efusivas palmadas en la espalda, el sentimiento desaparecía y Cziki respiraba aliviado. Entonces Capa se transformaba en el Bandi cálido, efusivo y entusiasta de la juventud en Budapest, Berlín y París.

Soñó que pasaron varios días juntos sin que se hablara del tema; pero una tarde, después de tomar un par de copas en el elegante bar del Hotel Reforma, Weisz no pudo más y le contó lo que había sucedido con los negativos.

—Intenté salvarlos por todos los medios y fracasé. Lo siento mucho… —se disculpó.

Bandi había escuchado su relato en silencio y con el rostro serio. Cuando terminó, extrajo un cigarrillo, lo encendió, aspiró profundamente, exhaló el humo por la nariz, lo miró y, tras un largo silencio, respondió con aparente indiferencia:

—Algunas de esas fotos estaban fuera de foco. Y tú, Cziki, que eres un laboratorista endemoniadamente bueno, lo sabes mejor que nadie. Algunas de esas fotos eran una mierda… al menos desde el punto de vista técnico. Ya aparecerán. En algún lugar del mundo debe estar el chileno al que se las entregaste. Afortunadamente nos quedan los positivos de las que se publicaron. Con ellas podremos recuperar una tercera parte. Ya aparecerán, no te preocupes.

—Pero la mayoría eran excelentes —había argumentado Cziki.

—Entre treinta y seis disparos siempre aciertas uno —lo justificó Bandi—. ¿Vendrías conmigo a Nueva York? A Chim y a mí nos encantaría volver a integrar un equipo contigo.

—Lo he pensado; pero sucede algo difícil de explicar. Cada día que pasa México me interesa más. No sé si llamarle gratitud o resignación. La gente es buena, amable y solidaria con los asilados. ¿Recuerdas a Senya Flechine?

—¿El fotógrafo ruso que maneja la luz mejor que nadie?

—Ese mismo. También está en México. Ha montado un estudio fotográfico y le va muy bien retratando artistas y políticos.

—¿Trabajas para él?

—Sólo temporalmente. Pienso abrir un estudio en cuanto pueda —había respondido.

Días más tarde Bandi regresó a Nueva York. Lo esperaban los brazos de Elaine Justin y, al romper con ella, los de Ingrid Bergman y muchas otras mujeres célebres y hermosas, y una comisión de *Life* para cubrir el desembarco Aliado en el estrecho de Messina.

Chiqui, por su parte, mató su pasado la noche de ese sueño, y por primera vez en mucho tiempo deseó volver a vivir.

Weisz comenzó su nueva vida en México como fotógrafo callejero y colaborador de algunas revistas de escasa circulación. Ganaba apenas lo suficiente para sobrevivir, pero en poco tiempo logró establecer algunas relaciones y amistades, sobre todo entre la comunidad de exiliados.

El círculo de amigos de Chiqui crecía lentamente. Su limitado dominio del español, la falta de empleo fijo, su carácter apocado y su naturaleza reservada dificultaban el desarrollo de la nueva vida que deseaba emprender. De hecho, su núcleo social se reducía a los asilados anarquistas y algunos surrealistas que le presentó Kati Horna, como la pareja integrada por Remedios Varo y el poeta francés Benjamin Péret, quienes, como los otros del grupo, hacían todo lo que estaba a su alcance para ayudarlo e insistían para que no faltara a las reuniones que celebraban.

En esas veladas, en donde, dadas las estrecheces económicas de los asilados todo era escaso excepto el talento y la conversación, Chiqui y Kati Horna terminaban casi siempre apartados del resto del grupo para dar rienda suelta a su natural necesidad de conversar en magiar y hablar de fotografía. Eventualmente también se sumaban al «clan de los húngaros» el pintor Gunther Gerzso y el surrealista judío austriaco Wolfgang Paalen, con lo que las conversaciones se salpicaban indistintamente de términos magiares y alemanes, en tanto que en el extremo opuesto de la habitación las pláticas eran en francés y español, lo que daba a las reuniones un ambiente cosmopolita y divertido.

Chiqui y Kati estaban empeñados en incorporar a sus fotografías la técnica del *fumage* que Paalen había desarrollado años atrás en su pintura, y discutían apasionadamente sobre la manera de fijar en imágenes captadas con la lente de una cámara los mismos efectos que Paalen conseguía plasmar en sus obras con el humo de una vela.

Los más renombrados pintores, poetas, escultores, fotógrafos, cineastas, diseñadores, escritores, politólogos, filósofos, profesores y educadores europeos estaban en México y hacían bullir, hasta transformarla, a la sociedad que les había dado refugio. Y a la vez eran transformados por ella.

Los diversos idiomas, las más distantes culturas, las personalidades más complejas y los genios más brillantes del surrealismo, el anarquismo y toda clase de *ismos,* se daban cita forzosa en una de las más antiguas y complejas ciudades de América, que aún no conseguía dejar atrás su costumbrismo provinciano y, sin embargo, experimentaba con fruición su vorágine posrevolucionaria, lo mismo en la poesía de Péret o León Felipe, que con un artículo de la Ley de Reforma Agraria o las obras de Josep Bartolí, Miguel Prieto Anguita, Josep Renau, Max Aub y Anna Seghers.

Lo más adelantado del pensamiento del mundo occidental jugaba albures con lo más pervertido del pragmatismo revolucionario mexicano, y lo más sublime de la creación artística cohabitaba con lo más procaz de la política: «Moral es un árbol que da moras», había sentenciado con cinismo el general Gonzalo N. Santos, quien había sido senador y diputado a un mismo tiempo sólo para demostrar que a un revolucionario mexicano nadie le podía fijar límites. Ni la ley.

Los críticos de la vida mexicana aseguraban, tal vez justificadamente, que con el aporte cultural de los asilados, el país convivía con lo que no comprendía ni le era propio.

Otros, como Breton, habían dicho, después de cuatro meses de estancia, que este era un país surrealista por naturaleza. Y Dalí, el más orate de los cuerdos, sentenció: «De ninguna manera volveré a México. No soporto estar en un país más surrealista que mis pinturas».

Leduc tenía razón. La agradable temperatura del paraíso y las compañías interesantes que moran en el infierno se habían dado cita en México.

Capítulo 12

Estoy muerto de risa porque tú me has dejado...
y es que mucho se aprende después de haber paseado
del brazo y por la calle con el proletariado.

RENATO LEDUC

Renato se encontró con un par de sucesos inesperados poco después de su regreso a México. El primero lo halagó, pues no obstante su ausencia de una década, sus lectores —y también quienes no lo eran pero escuchaban hablar de él— lo habían convertido en un personaje legendario y poeta sumamente popular. El segundo suceso que lo sorprendió tuvo lugar cuando un admirador de su poesía insistió para que aceptara un trabajo en la Secretaría de Hacienda, que Renato, agradecido, declinó. No había logrado sobrevivir a la Revolución Mexicana y a la Segunda Guerra Mundial para convertirse en burócrata de cuarta categoría, se dijo.

Buscó otro empleo, pero se encontró con que la administración del presidente Ávila Camacho había dado un viraje hacia la derecha y los funcionarios con fama de «cardenistas», como él, no eran bien vistos dentro del nuevo gobierno.

Tampoco podía vivir de la poesía un bardo de su estirpe, cuya obra, que para entonces consistía en nueve libros publicados entre 1924 y 1942, había sido copiada hasta la saciedad en mimeógrafos universitarios o en publicaciones de corto tiraje y sin ninguna regalía.

Pero los ahorros se agotaban y Renato, que estaba sobrado de popularidad pero corto de dinero, decidió seguir el consejo de Jorge Piñó Sandoval y dedicarse al periodismo. Acertó.

Sus colaboraciones de sátira política estrenadas en el diario *Excélsior* tuvieron éxito inmediato y fueron como una bocanada de aire fresco en el periodismo mexicano, pues sobresalían entre las aburridas publicaciones de sus colegas, que eran dogmáticos, cursis o extremadamente solemnes.

Los mismos políticos que lo habían eludido unas semanas antes porque Leduc era «cardenista», ahora procuraban su amistad para no ser víctima de sus punzantes críticas, o para darle alguna información reservada sobre algún tema de interés, y Renato, que era bienintencionado pero no pendejo, se dejaba querer, aunque nunca confundió a sus amigos de siempre con sus conocidos de ocasión.

Cotidianamente recibía invitaciones a esa clase de comidas que en la Ciudad de México inician a las tres de tarde y terminan mucho después del crepúsculo... o con el rosicler, y que, de tan largas, Renato las definía como «un pedo con exposición de motivos». Y como gustaba de la conversación y le placía hacer la sobremesa, ejercía vida de soltero a pesar de estar casado.

Renato salía del piso que rentaba en la casona de la calle de Artes 110 a eso de las nueve de la mañana en dirección al Sanborns de la avenida Madero, donde se encontraba con sus amistades para recargar las baterías de su espíritu mordaz y su sentido del humor. Al mediodía se encaminaba al periódico y permanecía en la redacción hasta después de las dos de la tarde, cuando terminaba de escribir y entregaba su colaboración. A las tres ya estaba en alguna cantina, rodeado de amigos que escuchaban atentos sus aventuras en París, o en algún restaurante de postín, departiendo con sus conocidos. Pero como era sencillo y nada pagado de sí mismo, nunca mezclaba a los unos con los otros.

Sus amigos eran simpáticos, inteligentes, talentosos, cultos y bohemios a más no poder, gente que sabía disfrutar la vida y con quienes podía pasarse horas conversando. Sus conocidos, en cambio, sólo eran «interesantes», pero «mansos de solemnidad» a los que el muy taurino Renato aliñaba con un trasteo adecuado para darles, en cuanto se terciaran, el pase del desdén.

Aunque se sabía admirado por muchos literatos mexicanos, evitaba reunirse con ellos y sistemáticamente rehusaba formar parte de las «parroquias literarias de exquisitos», en donde, decía, moraban «los poetas de ambigua envergadura». En cambio, simpatizaba con los «poetas malditos», que más que malditos eran inéditos a quienes nadie publicaba y que tenían su parnaso particular en cualquier cantina de barrio, o se juntaba con los que llamaba «poetas honorarios», que no escribían poemas pero leían poesía y, según Renato, «sabían distinguir la calidad de la melcocha».

Entre sus mejores amigos se encontraba el legendario torero mexicano Rodolfo Gaona, apodado el Califa de León, quien en 1919 se había casado en Madrid con la primera actriz del teatro español, Carmen Ruiz Moragas, famosa tanto por su belleza física como por sus consumadas dotes histriónicas, y de la que Gaona se divorció unas semanas más tarde en cuanto se enteró de que el rey Alfonso XIII también estaba perdidamente enamorado de ella.

Al poco tiempo del lance nupcial, el torero descubrió que, por uno de esos desquites a los que son afectas algunas mujeres, la actriz lo había utilizado para provocar los celos del soberano español, que la cortejaba con insistencia pero «no le hacía faena». Indignado, Gaona exigió la anulación matrimonial. Pero ni eso bastó para apaciguar las reales iras de Su Majestad, y muy elegantemente le mandaron decir que en Madrid había personas cuya permanencia podría resultar fatal. Gaona tuvo que huir de España en plena gloria taurina y regresó a México.

Ya quitado del lance el tercero en discordia, Alfonso XIII cumplió como los buenos. Hizo a la Moragas su concubina oficial y madre de dos Borbones bastardos, versión que era del conocimiento público, pero que el Califa, caballerosamente, si no negaba, al menos eludía.

Pero Renato, que respetaba a Gaona aunque no se resistía al placer de darle un amistoso puyazo cuando la ocasión se presentaba, socarronamente le decía:

—Vistas las cosas como fueron, usted, Califa, nunca ofendió al rey de España. Sólo le hizo un quite por las afueras.

También estaban entre ese grupo de amigos y contertulios, el compositor Agustín Lara y, más tarde, la que sería su esposa y luego exesposa, la actriz María Félix, quien ya divorciada de Lara propuso matrimonio a Renato, que declinó la oferta arguyendo que, por lo famosa que era ella, no le agradaba la idea de convertirse en «el señor Félix»; los pintores y caricaturistas Antonio *el Brigadier* Arias Bernal y Ernesto *el Chango* García Cabral; el matador Silverio Pérez; el abogado Alejandro Elguézabal; el director de teatro Víctor O. Moya, excompañero de Leduc en la Embajada de México en París; el crítico de teatro Jaime Luna; el ensayista Alejandro Gómez Arias; el historiador y lingüista Edmundo O'Gorman; el pintoresco coronel José Zataray, que había combatido en la Guerra Cristera y recibido en un duelo con un gachupín cinco heridas de bala en el cuerpo… y vivía para contarlo; el epigramista Pancho Liguori y los periodistas Pepe Alvarado, José Pagés, Francisco Martínez de la Vega y el Charro Sáenz de Miera, entre otros.

Sus ocios, como Renato decía, eran tan arduos como sus obligaciones de tener que escribir para dos diarios y varias revistas semanales a la vez.

Por eso, cuando la británica Leonora estaba por servirse a solas el té de las cinco, el mexicano Renato seguía rodeado de admiradores que le habían servido su tercer coñac de esa tarde.

Regresaba a la casona de la calle de Artes, que en mejores tiempos había sido sede de la legación de la Rusia zarista y tenía labrada en su fachada de cantera las letras «LR» —que algunos pendejos creían eran las iniciales de Renato Leduc, pero al revés—, ya entrada la noche y se encontraba con una Leonora víctima del hastío que, como los pavos reales del bolero de Lara, «se aburría a la luz de la tarde» saturada por el vacío de doce horas de soledad cotidiana.

—Pinta, Leonora —insistía Renato—. Te he traído lienzos y óleos y sigues sin pintar. O al menos acompáñame a mis comidas.

Renato admiraba la pintura de Leonora, sobre todo porque pintar era un arte que no se le daba, como quedó demostrado en 1927, cuando al inscribirse en la Escuela de Leyes se enteró de que, para ser admitido, antes debía presentar un examen de dibujo que había suspendido en el bachillerato y tuvo que acudir a un dibujante para que lo suplantara en el examen y sacara del apuro, dibujante que, por cierto, se llamaba José de León Toral y un año más tarde sería el magnicida del presidente electo Álvaro Obregón.

Leonora, entretanto, luchaba por adaptarse a México. Pero estaba confundida debido a la acelerada transformación de Renato, que después de una década de vida europea postiza se empeñaba en recuperar su identidad e iba tras de su extraviada mexicanidad con una fe talmúdica.

Fracasó al intentar compartir el gusto de Leduc por las corridas de toros y terminó por detestarlas. Lo acompañó a reuniones con sus amistades, pero le parecieron demasiado ruidosas y expansivas, e insoportablemente sexista la costumbre de conversar en grupos separados de hombres y mujeres durante las reuniones sociales.

Leonora hacía largas y solitarias caminatas por las colonias San Rafael y Santa María la Ribera, dos barrios de traza europea desarrollados por los inmigrantes franceses Leon Honnorat, Henri, Joseph y Jules Tron, Eduard Garcin, Leon Fandon, Antoine y Leon Signoret, Demian Proal y Jean Marie Plaisant a finales del siglo XIX y que, por sus casonas y palacetes recordaban a Leonora algunos rincones europeos.

Una tarde, cuando realizaba una de sus cotidianas caminatas, se encontró con la pintora Remedios Varo. La sorpresa fue grata y mutua pues no se veían desde 1939, en París, y por supuesto no esperaban encontrarse en México.

Remedios le contó que vivía a unos pasos de ahí con el poeta y también asilado Benjamin Péret. Le pidió que la acompañara a casa y la presentó con la fotógrafa Kati Horna, quien en ese momento estaba de visita. Entre Remedios, Péret y Horna la hicieron sentir tan bien que cuando Horna se despidió, era tanta su necesidad de conversar y sentirse entre amigos que Leonora insistió en acompañarla para conocer su casa.

La soledad y el desarraigo fueron creando sólidos lazos de amistad y solidaridad entre los asilados. Todos parecían estar pendientes de todos y se ayudaban unos a otros con lo poco que tenían. La vida empezó a cambiar, inclusive para Leonora, que no obstante su drama interior era de las menos desafortunadas pues, a pesar de todo, aún tenía una patria a dónde regresar, en tanto que los republicanos españoles perseguidos por Franco, y los judíos perseguidos por Hitler y asilados en México, habían perdido todo, menos su dignidad.

Chiqui Weisz aceptó encantado la invitación de Kati Horna para que la acompañara a cenar a casa de Remedios Varo y Benjamin Péret. Poder charlar con una colega fotógrafa sobre los viejos tiempos en Budapest, y además hacerlo en magiar, era para él una necesidad tan imperiosa como respirar.

Llegaron a *chez* Varo-Péret con europea puntualidad, y con esa hambre canina que sólo un asilado es capaz de resistir. Unos minutos más tarde llegó Leonora, sola, harta de té y cigarrillos, cansada de esperar a Renato en el piso de la casona de la calle de Artes.

Un par de horas después de las salutaciones entre los que ya se conocían, y las presentaciones entre los que se veían por primera vez, por fin apareció Renato, quien vio a Weisz junto a Leonora y se fue a sentar con Péret y Remedios Varo, para hablar de los tiempos idos de París.

La noche se hizo corta con lo animado de la conversación. Al día siguiente, Renato abordó, como siempre, el tranvía que lo llevaba al centro de la ciudad. Y Leonora inició su cotidiana caminata. Pero esa vez acompañada de Imre Weisz.

Pocos días más tarde se cumplió la sentencia de Renato: «El matrimonio es la burocracia del amor».

Leonora abandonó la casona de la calle de Artes y se fue a vivir con una amiga. Renato recuperó su nunca abandonada soltería y, empedernido, convirtió la casona de la calle de Artes en el centro de reunión de la bohemia que lo envolvía.

El rompimiento fue un alivio para ambos. Lo que la guerra había juntado, la paz terminó por apartarlo. El surrealismo natural de Renato terminó por asfixiar el surrealismo académico que Leonora había aprendido de Max Ernst.

El vínculo que los unía se rompió para siempre y Leonora inició uno nuevo al encontrar en Imre Weisz el alma atormentada y gemela que en ese momento necesitaba.

Renato, por su parte, concluyó lo que había sido un periodo de ayuno forzado de emociones, y se volcó al reencuentro pleno de sus amistades, de sus pasiones y creatividad, pues en la vivencia de su nuevo hartazgo de mexicanidad alternaba crítica política con crítica literaria, ensayos, crónica taurina y novela, como *El Corsario beige*.

Fue una separación civilizada y conveniente.

Leonora volvió a pintar, y Renato volvió a escribir por una necesidad vital, porque, aunque él lo negara, era un «poeta que ante el mar y ante el desierto/ le dolió de pensar el pensamiento».

Capítulo 13

Ulises de los áridos potreros
fecundo en trucos y en desleales tretas.
Salteador de gallinas y corderos,
trovador de misántropos ascetas…

RENATO LEDUC

Desde su destitución como embajador de México ante el gobierno de la Francia de Vichy, el general Francisco Javier Aguilar González había dedicado todo su tiempo a «limpiar su nombre y honra de militar», como llamaba al esclarecimiento de los cargos que le hacían, acusado de haber retenido los fondos de ayuda a refugiados.

Alegaba en su defensa que la reducción de visados de asilo para republicanos españoles no respondía a ningún interés personal, sino a que durante el tiempo que había sido embajador, el gobierno de Pétain fue obligado a cumplir con las condiciones que le imponía el armisticio firmado con Alemania, y por presiones del gobierno de Francisco Franco a Vichy.

La versión de Aguilar González tenía visos de verdad pues, en efecto, durante su gestión el Consulado Mexicano en Marsella encontraba cada vez mayor resistencia de las autoridades locales para conceder salvoconductos, ya que tenía órdenes de deportar a los republicanos españoles al campo de concentración de Mauthausen. Y, por otra parte, los campos de internamiento de Argèles-sur-Mer, Le Vernet d'Ariège, Barcarès y Septfons se habían ido vaciando a partir de 1939.

Como ejemplo de ello, Aguilar González argumentaba que el 24 de marzo de 1941, sólo cinco semanas después de haber presentado cartas credenciales ante el gobierno del mariscal Pétain, debía zarpar de Marsella el vapor *Paul Lemerle* con destino a Fort de France, Martinica, con trescientas ochenta y cinco plazas reservadas para los españoles. Pero un día antes el cónsul general Bosques le había informado que el Ministerio del Interior del gobierno de Vichy había enviado órdenes a la Prefectura de Marsella impidiendo la salida de Francia a los españoles varones entre 18 y 48 años de edad.

Advertido de lo que la autoridad francesa se proponía hacer, Aguilar González se había dirigido personalmente al Ministerio del Interior para exigir la revocación de esa orden, pues los trescientos ochenta y cinco asilados tenían su documentación en regla, incluso con los permisos de salida sellados por el propio Ministerio. Pero no obstante sus gestiones, los franceses se habían negado, y al día siguiente, entre escenas desgarradoras, el barco había partido sólo con mujeres y niños a bordo, y había dejado en los muelles a los hijos, hermanos, esposos y padres de aquellas familias apartadas por un abuso burocrático.

Al personal de la embajada y el consulado le constaba que él había hecho todo lo que estaba a su alcance. De hecho, se había trasladado a Marsella durante los fines de semana siguientes para visitar los campamentos de refugiados y alentar a los que temporalmente habían sido apartados de sus familias.

Ese era un mérito que nadie le podía regatear, y para probarlo contaba con el Informe NUM. 2796, EXP-44-11/524.9 del Consulado General de México en Marsella, en el que Mauricio Fresco, secretario del Consulado, enumeraba puntualmente las gestiones que él había realizado ante el gobierno de Vichy.

No obstante, en la Secretaría de Relaciones Exteriores de México tenían algunas evidencias de que el embajador Aguilar González había sido sumiso a las presiones francesas y remiso a las instrucciones del gobierno mexicano. Sin embargo, no existía forma de probarlo, pues el embajador se había llevado consigo una parte del archivo de la legación al abandonar

Francia, y lo que quedaba del acervo había sido incinerado antes de que la Gestapo asaltara la embajada, un día después de que México rompiera relaciones con Vichy.

Las pruebas que podrían haber incriminado al general Aguilar González se encontraban en otro lugar. Estaban en un armario de su casa de la Ciudad de México, dentro de un baúl cerrado bajo llave. Ahí, junto a un paquete de tres cajas de color marrón, verde y beige que contenían negativos fotográficos, yacían los documentos que podrían terminar con su carrera diplomática.

Sin pruebas, el asunto finalmente se zanjó cuando en la Secretaría de Relaciones Exteriores recibieron una advertencia del general Maximino Ávila Camacho, el poderoso hermano del presidente de México, para que «dejaran de estar chingando a su amigo».

La exoneración llegó en mayo de 1944. Aguilar González fue destinado a la Embajada de México en Portugal, puesto de gran importancia, pues Lisboa era la puerta de salida de los que huían de las dictaduras europeas para asilarse en México.

Entretanto, los diplomáticos mexicanos que habían sido hechos prisioneros por la Gestapo en la Embajada de Vichy y el Consulado de Marsella, fueron deportados hacia Bad Godesberg, en pleno corazón de la Alemania nazi. Eran cuarenta y tres personas, entre funcionarios y algunos civiles, encabezados por Gilberto Bosques y el primer secretario Gabriel Lucio, quienes se apegaron al estatus de prisioneros de guerra y rechazaron cualquier trato vejatorio por parte de los carceleros alemanes durante más de un año mientras estuvieron prisioneros.

En la prisión-hotel de Bad Godesberg también se encontraban recluidos el gran chelista mexicano Rubén Montiel, quien era discípulo de Pablo Casals al estallar la guerra, y otros diplomáticos de países latinoamericanos que, como México, habían declarado el estado de guerra a las potencias del Eje.

De manera subrepticia y pese a la vigilancia de la Gestapo, aun en su cautiverio, Gilberto Bosques continuó recibiendo solicitudes de asilo, así como información confidencial sobre las operaciones militares alemanas para la construcción del sistema defensivo que llamaron Muro del Atlántico, que Bosques escondió para evitar ser descubiertos por sus carceleros.

Mientras eso sucedía en Bad Godesberg, en México se ordenó proceder con una política diplomática de «espejo», que consistía en reflejar y repetir toda acción de la contraparte y se procedió a arrestar a los alemanes, austriacos, italianos y japoneses que se encontraban en el país. Los europeos fueron concentrados en la fortaleza de San Carlos de Perote, en el estado de Veracruz, y los orientales en Cuernavaca.

Durante la primavera de 1944 se celebraron las negociaciones para el canje de prisioneros detenidos en Perote y Bad Godesberg. Los rehenes mexicanos fueron transportados de Bonn a Biarritz, en la costa atlántica francesa, y de ahí, en un tren precintado, a Lisboa, pues Portugal, que durante la guerra se había declarado neutral, hizo el papel de valedor de las partes en conflicto.

En Lisboa esperaba un barco con los prisioneros alemanes que serían canjeados, a razón de doce por cada rehén mexicano.

Al llegar a la estación de Bellavista de la Ciudad de México, Gilberto Bosques fue recibido por cientos de asilados republicanos y judíos, que esperaron su arribo hasta horas de la madrugada, lo cargaron en hombros en cuanto apareció sobre el andén y brindaron toda clase de homenajes y reconocimientos en señal de gratitud.

Después de su llegada, Bosques se reunió con el expresidente Lázaro Cárdenas, que para entonces y debido a la guerra había dejado su retiro político para ocupar el cargo de secretario de Guerra y Marina. Bosques entregó a Cárdenas la información que poseía sobre el mapa de operaciones secretas alemanas en la estrategia defensiva del Muro del Atlántico, información que serviría de mucho a los Aliados, pues en ese momento planeaban el desembarco en Normandía con el nombre en clave de *Overlord*.

El 6 de junio de 1944 los Aliados desembarcaron en Normandía y todos los barcos de pasajeros y cabotaje fueron requisados para abastecer al inmenso ejército. A bordo del buque de transporte *Samuel Chase*, confundido entre la tropa del 116.º de Infantería que tomó parte de la primera oleada de desembarco sobre el sector Easy Red de la playa de Omaha, iba el fotoperiodista Robert Capa, sin más armas que su valor personal y sus cámaras.

Tan pronto se aproximó a la playa la barcaza que lo transportaba, Capa comenzó a captar fotografías en medio de una granizada de disparos de los alemanes, que estaban ubicados en posiciones defensivas protegidos por búnkeres y médanos.

Capa hizo varias tomas mientras dejaban caer el portalón de la barcaza. Llegó a la orilla como pudo, resguardándose de los disparos tras los erizos de hierro defensivos que obstaculizaban el desembarco de los Aliados.

Una vez fuera del agua se encontró con un soldado herido que yacía pecho tierra. Tomó unas fotos más, ayudó al soldado a llegar al siguiente erizo de hierro y siguió su camino en dirección a los médanos.

Con la adrenalina a tope, hizo en total ciento ocho tomas en menos de dos horas. No estaba mal para una sesión fotográfica que había tenido lugar en medio de la mayor invasión que había conocido la humanidad. Hasta entonces.

Pero estaba preocupado porque durante el desembarco, el golpe de una ola le había hecho dar un traspié y la cámara se había empapado. Capa sabía lo que la humedad y la arena eran capaces de hacer en el delicado mecanismo de una cámara fotográfica. Su oído experto le había advertido sobre el extraño chirrido que se producía cada vez que giraba la palanca de recarga de la Contax II para preparar la siguiente toma, y que alcanzaba a escuchar aún entre el ruido de los disparos.

«Después de perder lo de la Guerra de España, espero que al menos algo de esto se salve», pensó.

Cuando los carretes de película se agotaron, abandonó la playa y se dirigió a una lancha de desembarco que en ese momento maniobraba para regresar hacia la nave nodriza. Con el agua a la altura del pecho y sosteniendo sus cámaras sobre la cabeza para evitar que se mojaran, vadeó dificultosamente la distancia que lo separaba del lanchón, lo abordó y con la mayor naturalidad del mundo dijo a uno de los tripulantes:

—Espero, chicos, que ustedes vayan en dirección a Inglaterra.

Una vez a bordo del *Samuel Chase*, secó y limpió su equipo. Introdujo los tres rollos de película que había utilizado en un sobre impermeable, que rotuló para ser entregado al representante de *Life* que esperaba en el puerto de Weymouth. Al desembarcar, buscó al oficial de enlace y le entregó el material.

—Por lo que más quieras, no te vayas caer de cabeza al mar con mis fotos antes de llegar a Londres —le dijo y luego se embarcó rumbo a la playa de Omaha con la segunda oleada de asalto. También estaría en la sangrienta toma de Cherburgo y, casi tres meses más tarde, fue el primer fotógrafo que entró a París, sólo antecedido por el blindado del general Leclerc, para «liberar» de los nazis el bar del hotel Scribe, que en lo sucesivo sería su cuartel general y centro de operaciones.

De las ciento ocho fotografías que Capa captó el Día D, solamente se salvaron ocho por un error en el proceso de secado en el laboratorio de *Life* en Londres. Las que lograron rescatar, aparecieron publicadas en la edición del 19 de junio en un reportaje de siete páginas de la revista. Entre ellas estaba la foto que más tarde sería conocida como *Ligeramente fuera de foco*, en la que un soldado raso de la Compañía F de la Primera División de Infantería, aparecía semisumergido en el agua… y un poco desenfocado, por cierto.

El general Francisco Javier Aguilar González recibió su nombramiento de embajador en Portugal el primero de mayo de 1944, apenas unas semanas antes del Día D, e inmediatamente inició preparativos para hacerse cargo de su nueva misión. Sin embargo, debido a la escasez de transporte provocada por la invasión aliada a Normandía, tuvo que esperar durante varios meses para trasladarse a Lisboa, en donde presentó cartas credenciales el 11 de septiembre de 1944.

Como era costumbre entre la comunidad diplomática, el hecho de la presentación oficial de cartas credenciales de un colega fue motivo de festejo, y Aguilar González fue agasajado después de realizar la *tourné* protocolaria. Pero no duraría en el cargo más de seis meses. Obsesionado por cuidar su cuestionado prestigio y después de asegurarse de que en los archivos de la Embajada de México en Lisboa no quedaba nada que lo comprometiera, hizo gestiones ante el influyente y poderoso Maximino Ávila Camacho para que lo destinaran a la Embajada de México en Suecia, nación que se había hecho cargo de los intereses diplomáticos mexicanos después del rompimiento del Eje, y en donde, temía, pudiera quedar algún indicio que fuera utilizado en su contra.

Capítulo 14

Desde 1917 Imre Weisz Schwarz no sabía lo que era tener un hogar propio. A los cuatro años de edad había sufrido la traumática experiencia de perder a su padre, un talabartero judío de nombre Abraham Armin Weisz, cabo del ejército austrohúngaro muerto de gangrena en el Frente Oriental durante la Primera Guerra Mundial.

Al dolor de la orfandad paterna del niño Weisz se sumó un segundo trauma cuando su madre viuda, luego de pasar hambre y sufrir la más extrema de las miserias, se vio obligada a decidir sobre la supervivencia de sus hijos y entregó a Cziki, el menor de ellos, a un orfanatorio de Budapest.

La trágica pérdida de su familia modificó para siempre el carácter de aquel niño roto y abandonado y lo convirtió en un ser humano inseguro, introvertido y apocado.

Con la ayuda de su hermana mayor logró abandonar el orfanato durante su adolescencia, y en la juventud conoció a los aprendices de fotógrafo Katherine Deutsch (después Kati Horna) y su novio, Endre Friedmann (después Robert Capa), ambos judíos e inquietos simpatizantes de la izquierda.

Katherine era hija de un acaudalado banquero y vivía en la casa familiar situada en la zona más exclusiva y elegante de

Buda, sobre la margen oeste del Danubio. En tanto que Endre era hijo de un modisto judío y vivía al otro lado del río, en la zona de Pest y aprendía a tomar fotos con su amiga Eva Marianna Besnyö, quien a su vez había sido discípula de Pécsi, Katherine estudiaba fotografía en los talleres de József Pécsi y László Moholy-Nagy, dos de los más grandes maestros de la fotografía mundial.

Debido a que Besnyö era la mayor y más experimentada de los tres y Endre el menor, fue el estilo de ella el que más influyó en el desarrollo de la personalidad fotográfica de cada uno.

No obstante el trío formado por Besnyö, Deutsch y Friedmann había adquirido conocimientos tanto de manejo de cámara como de laboratorio fotográfico, a ninguno de ellos seducía la idea de pasar el día entre vapores de emulsiones químicas e impresiones de positivos fotográficos. Y fue por eso que el cuarto elemento se sumó al trío original.

Al opaco y silencioso temperamento de Imre Weisz le pareció fascinante el trabajo de laboratorio, e hizo de la soledad, la meticulosidad y la penumbra, atmósfera ideal para desarrollar su creatividad.

Con celo propio de alquimista del Medioevo, mejoraba las fórmulas químicas con que otros trabajaban; calculaba los tiempos exactos de exposición, impresión, revelado, fijado y secado, y jugaba con la luz hasta atraparla como quien atrapa una luciérnaga.

—Fotografíen lo que quieran. Yo me encargaré de extraer los secretos de cada toma —repetía, orgulloso de su trabajo.

Fue así como Weisz descubrió que las fotografías contenían elementos que los demás no advertían, pues para él una foto no era sólo imágenes, sino una especie de diccionario en el que se podía *leer* el significado de la textura, de los matices lumínicos, del sudor en el rostro de un obrero o del rocío en el pétalo de una flor. Una foto era un instante fijado para la eternidad en el que habían quedado aquellos pequeños detalles que sólo un ojo entrenado descubría; pero cuando él trabajaba sobre ellos conseguía que fueran sutilmente evidentes.

Cuando el gobierno de Miklós Horthy persiguió a los izquierdistas húngaros, los cuatro amigos fotógrafos huyeron a Alemania, en donde continuaron sus trabajos fotográficos. Besnyö se casó y emigraría más tarde a Holanda; Friedmann, Deutsch y Weisz trabajaron para diferentes revistas y agencias fotográficas en Berlín y, posteriormente, en París.

Los tres se volvieron a encontrar en 1937, durante la Guerra de España. Pero cuando la Segunda Guerra Mundial estalló, Weisz perdió para siempre a la que consideraba su segunda familia.

Chiqui Weisz sabía que nada era para siempre. Lo había aprendido en el orfanato de Budapest, en donde fue el *árva szám* 105 —huérfano número 105—, y en los campos de concentración del norte de África, en donde estuvo prisionero sólo por el hecho de ser judío. Un *külföld nemkivánatos*, es decir, un extranjero indeseable, como lo llamó el patán que lo había arrestado en Marsella.

Cuando por fin obtuvo asilo en México, un país en donde nadie lo conocía ni sabía quién era o qué hacía, pero en donde la gente lo respetaba y llamaba don Chiqui, señor Chiqui o Güerito, se aferró con todas sus fuerzas a esas muestras de cariño y respeto.

Imre Weisz era un ser ansioso de cariño y comprensión que creyó haber reencontrado en México el núcleo familiar y social que anhelaba. Su amistad con Leonora Carrington derivó rápidamente en el complejo enamoramiento de dos seres de orígenes sumamente dispares, de caracteres opuestos, de aspiraciones diferentes, pero que padecían en ese momento la misma enfermedad emocional, y como suele suceder en esos casos, uno ayudó al otro a lamerse las heridas, y —como había dicho Senya Flechine— a matar el pasado para volver a vivir.

El pasado de Weisz fue sepultado definitivamente cuando Leonora le dijo que esperaba un hijo suyo.

¡Un hijo!

Lo único que Weisz había tenido a lo largo de su vida para él solo era sus enfermedades y el cuarto oscuro de su propio sufrimiento. En el orfanato de Budapest no había tenido cama propia y lo cambiaban de pabellón conforme su edad avanzaba. Tampoco tenía patria, pues había sido expulsado de ella en 1931. No tenía laboratorio desde 1940, cuando la guerra lo echó del número 37 de la rue Froidevaux. Ni tenía documentos oficiales que acreditaran que él era quien decía ser, hasta que en 1943 el gobierno mexicano le devolvió una identidad largamente perdida y, más tarde, un pasaporte que había que renovar periódicamente y una nacionalidad que no era la de sus ancestros. No tenía cámara, hasta que Senya Flechine le regaló una de segunda mano, y de no ser por las ocasionales conversaciones con Kati Horna, también hubiera perdido la única herencia que conservaba de su madre, pues el idioma magiar era, cada vez más, un recuerdo en su atormentada memoria.

De tanto renunciar a su pasado también renunció a su nombre en el trato social, que de todas maneras resultaba impronunciable para los oficiales migratorios mexicanos, que decían *Güeis Chuars* cuando, en vano, intentaban repetir aquellos apellidos con tantas consonantes que aparecían en los documentos de identidad del ciudadano Weisz Schwarz. Y se convirtió en Chiqui más que nunca, pues pronto se dio cuenta de que los mexicanos tenían una irrefrenable tendencia para convertir en diminutivo todo lo que apreciaban: *quedito, despacito, oscurito, chiquito. Chiqui.*

¡Y ahora iba a tener un hijo!

Entró en estado de gracia. Por primera vez en su vida iba a tener algo propio. Algo de él.

Había dejado todo, cruzado un océano y dos continentes para conseguirlo. Pero al fin tenía algo. Y también por primera ocasión en su vida tenía un hogar en el que lo único que abundaba era la escasez; pero propio, al fin y al cabo. Y una compañera que, acuciada por la necesidad, no sólo económica sino creativa, escribía y volvía a pintar.

Chiqui se aferró a su nuevo asidero con la misma fuerza que

un náufrago a la tabla de salvación. Ya no le importaba lo que había perdido. Ahora le importaba lo que tenía, y lo que había que hacer para conservarlo mientras viviera.

Trabajó como un poseso aquí y allá fotografiando eventos de poca monta que le permitían llevar pan a la mesa. Caminó todas las calles de la ciudad y fotografió a sus personajes. Se metía a su laboratorio horas enteras —que era su forma de volver al útero materno, cálido, oscuro, íntimo—, para emerger de él con el trabajo hecho y los ojos enrojecidos, como si la luz magenta del foco de seguridad se hubiese impreso en sus retinas.

No tenía aspiraciones para recuperar lo perdido, ni de volver a ser húngaro ni uno de los mejores laboratoristas de Europa, sino de conservar lo poco que había ganado.

Salvo a Kati Horna y Leonora, nunca contó a nadie nada sobre su vida pasada. Decir que había trabajado con Capa y Seymour, para entonces celebridades de la fotografía mundial, seguramente le habría abierto las puertas de mejores trabajos en México, y con ello el acceso a empleos mejor pagados. Pero no sólo lo calló, sino que lo ocultó.

En el mundo de las publicaciones la paga suele ir directamente asociada a la circulación, y Chiqui Weisz, quien hasta 1940 había colaborado para algunas de las revistas más ricas y leídas del mundo, se conformó con ser fotógrafo de las de menor relevancia, captar fotos de los elencos artísticos que participaban en los programas musicales de algunas estaciones de radio de la Ciudad de México, de eventos sociales, y fotos publicitarias para alguna fábrica de alimentos enlatados.

La familia Weisz-Carrington se mudó a un departamento de la calle Álvaro Obregón, y más tarde a una casa en la calle Chihuahua del Distrito Federal, situada a menos de quinientos metros de la avenida Ámsterdam, en donde, sin saberlo Chiqui, yacían las tres bomboneras, los ciento veintiséis rollos, los más de cuatro mil quinientos negativos de las fotos de la Guerra de España tomadas por Capa, Taro y Seymour que él había sacado del número 37 de la rue Froidevaux cuatro años antes.

Si Chiqui Weisz se hubiera atrevido a decir quién era y qué había hecho, el rumor habría recorrido aquellas cinco calles que lo separaban de los negativos perdidos, y los habría recuperado. Y no habría tomado demasiado tiempo para ello porque en la capital de México, debido a la esclerosis de su tráfico caótico, lo único que corría a gran velocidad eran los rumores.

La de México siempre fue una ciudad, más que de hallazgos, de reencuentros. Gente que se había dejado de ver en Europa cinco años atrás, como Leonora Carrington y Remedios Varo, o como los sicarios de Stalin y Trotsky, se reencontraron ahí.

Pero Chiqui no lo hizo. Jamás se atrevió a alzar la voz y gritar. Y dicen, quienes lo conocieron, que de haberlo hecho habría gritado a todos que lo dejaran en paz.

En 1945 la guerra terminó y la paz consumada llenó de expectativas a los que, como decía Leduc, «doblado el cabo de la Buena Esperanza, ya no esperamos nada».

El fin del conflicto produjo un sentimiento renovador y germinal entre quienes creían haber perdido todo. Leonora Carrington, para entonces de veintiocho años, recibió el mensaje de su reloj biológico y decidió sumar nuevas experiencias a su agitada vida, como la del embarazo y, al año siguiente, la maternidad. Y fue esa emoción de fecundidad la que la condujo de regreso al estado creativo que había abandonado cinco años antes.

Su reencuentro con la creatividad estuvo acompañado de un estimulante y esperanzador suceso. En México, de manera inesperada, un día apareció Edward James, aristócrata británico, profundo conocedor y diletante del arte, coleccionista y mecenas de los surrealistas, heredero de Frank James —un magnate de los ferrocarriles estadounidenses— y Elisabeth Evelyn Forbes.

A James le envolvía un halo de misterio y cotilleo tan bien dotado como su cuantiosa fortuna personal. Se decía que era hijo bastardo del rey Eduardo VII de Inglaterra, célebre por las cincuenta y nueve amantes que tuvo a lo largo de su vida, lista en la cual el cotilleo británico de la época situaba a la madre de Edward James.

Pero al joven millonario James lo tenían sin cuidado los comentarios sobre su origen paterno así como sobre sus preferencias sexuales, y jamás se preocupó por aclarar nada al respecto. Todos sus esfuerzos y conocimiento estaban dirigidos a descubrir talentos, y comprar obra... además de promoverla en lujosos catálogos de la mejor calidad, exhibirla en las mejores galerías de Nueva York y venderla con márgenes de ganancia que él describía como «estimulantes».

Es decir, Edward James no era solamente epicúreo, sino un *marchand d'art* en toda la extensión de la palabra que operaba con varios ceros a la derecha.

James había conocido la incipiente obra de Leonora en el París de la preguerra y desde el primer vistazo se interesó por ella. Cuando se reencontraron en México decidió convertirse no sólo en su mecenas, sino en su mentor, pues era diez años mayor que Leonora.

Tras un par de entrevistas desafortunadas en las que la rebeldía de la pintora estuvo a punto de arruinar la relación, terminaron por celebrar una especie de *entente cordiale* entre sus puntos de vista.

A James lo tenía sorprendido que Leonora pudiera pintar en un mal iluminado cuarto de trebejos pobremente habilitado como estudio, y concluyó que la pintora no era sólo surrealista en sus lienzos, sino en sí misma.

A Leonora, por su parte, le sorprendió que James supiera más de pintura y surrealismo que Max Ernst y el propio André Breton. Y apreciaba que su mecenas tuviera más talento e infinitamente más cultura que Peggy Guggenheim, y casi tanto dinero como ella, porque con Edward James se podía hablar de todas las cosas que le interesaban. Con Peggy, en cambio, de ninguna.

Tras no pocas discusiones consiguieron ponerse de acuerdo y la relación prosperó.

James sugirió y compró. Leonora pintó y vendió, y con el dinero de la venta más la ayuda de su madre, que palió su recien estrenada viudez con una visita a México, la aumentada familia Weisz-Carrington logró mudarse a la casa de la calle de Chihuahua, en donde ella tendría espacio para su nuevo estudio; Chiqui, espacio para su propio laboratorio; y Gabriel y Pablo, los dos hijos del matrimonio, espacio para crecer y ser.

México, después de todo, no era un mal lugar para volver a vivir. Para volver a pintar. Para volver a fotografiar. Para volver a tener. Para nacer. O renacer.

Capítulo 15

*No haremos obra perdurable. No
tenemos de la mosca la voluntad tenaz.*

RENATO LEDUC

En 1947 Robert Capa se preguntó qué debía hacer un corresponsal de guerra cuando la guerra terminaba. La misma pregunta se la venían haciendo desde un año antes sus colegas
David *Chim* Seymour, Henri Cartier-Bresson, George Rodger
y Bill Vandivert. Para responderla, los cinco tuvieron una reunión de trabajo y cada uno aportó cuatrocientos dólares para
fundar la agencia Magnum Photos, primera cooperativa internacional de fotógrafos en la que ellos mismos tomarían las
decisiones sobre qué eventos cubrir, cómo cubrirlos y distri-
buir el material para su venta sin acudir a intermediarios. Por
primera vez en la historia de la fotografía, los fotoperiodistas
iban a ser sus propios jefes.

Pese a los pronósticos negativos de las grandes revistas y
agencias informativas, Magnum Photos se convirtió en un éxito gracias a lo extenso de sus coberturas. Los temas que abor-
daban eran de lo más variado: por supuesto, había coberturas
de guerras regionales e insurrecciones, temas en los que todos
ellos tenían sobrada experiencia; pero también reportajes sobre
moda, famosos, política, ciencia, familia, pobreza, desastres,
movimientos de independencia de las excolonias y crímenes.

El ingreso a Magnum Photos era sumamente selectivo. La baza puesta por los fundadores, consistente en tener agallas, calidad y creatividad, no la igualaba cualquiera que se colocara detrás de una cámara. Entre 1947 y 1953, los fundadores sólo admitieron a diez nuevos miembros, con lo que Magnum se convirtió en una especie de tierra prometida de la fotografía.

Robert Capa viajó en 1947 a la Unión Soviética con el famoso escritor John Steinbeck y juntos produjeron el célebre reportaje *Una jornada en Rusia*. Al año siguiente viajó a Palestina en compañía del novelista Irwin Shaw a testimoniar la fundación del Estado de Israel, y aportó el material gráfico para otro memorable trabajo llamado *Reporte de Israel*. Además de recibir su primera herida de guerra.

David *Chim* Seymour, por su parte, fue comisionado por la Unesco para levantar un testimonio fotográfico sobre los efectos de la guerra en los niños de las naciones europeas. En 1949 publicó el libro *Children of Europe*.

Henri Cartier-Bresson, a quien muchos consideraban el padre del fotorreportaje, viajó a la India en 1948 para cubrir los funerales de Gandhi, y al año siguiente estuvo en China para atestiguar la entrada de Mao Zedong a Pekín.

George Rodger se trasladó a África para fotografiar durante más de tres décadas a los pueblos, la fauna y la flora del continente para la revista *National Geographic*.

Bill Vandivert, célebre por su cobertura de la Batalla de Inglaterra y el búnker de Hitler, dejó Magnum Photos un año después de su fundación y continuó trabajando para *Life* y otras revistas.

Imre Weisz recibió una invitación para sumarse a ellos. Nunca lo hizo. Chiqui tenía treinta y seis años, aún era joven y seguía siendo considerado por sus colegas como buen fotógrafo y uno de los mejores técnicos de laboratorio. Su mundo se redujo a caminar hasta la parada del tranvía que lo llevaba al centro de la Ciudad de México para cumplir con las órdenes de trabajo fotográfico a las que había sido llamado por revistas de poca monta.

Tal vez acertó en su decisión.

En mayo de 1954 Robert Capa se encontraba en Tokio cuando recibió un mensaje de la revista *Life* para hacerse cargo de una misión en Indochina, donde el ejército colonialista francés libraba una cruenta serie de batallas contra los independentistas. Capa, contra su propósito de no volver a trabajar como corresponsal de guerra, estaba corto de dinero por deudas de juego y continuar con su vida de constante despilfarro, y acudió al llamado.

La tarde del 25 de mayo acompañaba a una patrulla francesa en la provincia de Thai Binh, cuando decidió abandonar el transporte en el que viajaba para tomar algunas fotos desde otro ángulo. Cinco minutos después pisó una mina antipersona que le arrancó la pierna izquierda y lo hirió gravemente en el pecho. Murió una hora más tarde.

Su muerte fue una noticia mundial que se conoció en México pocos días después. Kati Horna lloró la muerte de quien había sido su amigo de juventud, colega y un huidizo enamorado que en cierta ocasión le había propuesto matrimonio.

Imre Weisz, por su parte, se encerró en la oscuridad de su laboratorio, y se imaginó en el número 37 de la rue Froidevaux, revelando los rollos de película que Capa, Taro y Seymour habían enviado de España.

Pero eso no iba a ser todo. Dos años más tarde, David *Chim* Seymour, quien se había hecho cargo de la presidencia de Magnum Photos tras la muerte de Capa, fue comisionado para cubrir la crisis del Canal de Suez.

El 10 de noviembre de 1956 salió a hacer un reportaje sobre un intercambio de prisioneros. Viajaba a bordo de un Jeep e iba acompañado del periodista francés Jean Roy, quien tenía fama de fantoche, pues gustaba de lucir un uniforme completo de paracaidista mientras hacía su trabajo. Cuando se acercaban a un puesto fronterizo, el vehículo recibió una ráfaga de ametralladora. Seymour y Roy murieron en el acto.

Una vez más, Imre Weisz se refugió en su laboratorio a llorar lo sucedido. Era el único sobreviviente de la cuarteta de fotógrafos que en 1936 habían comenzado a trabajar en el *atelier* de la rue Froidevaux.

Gerda Taro había muerto cubriendo la Guerra Civil de España, en 1937; Robert Capa en la Primera Guerra de Indochina, en 1954; David Seymour en Egipto, durante la Crisis de Suez, en 1956. La guerra no sólo le había quitado a Weisz su familia, su hogar, su pasado, su nacionalidad y durante un tiempo su libertad. También le había arrebatado sus archivos y, ahora, a sus amigos.

Odió la guerra más que nunca y sepultó sus recuerdos en lo más profundo del cuarto oscuro de su laboratorio.

Cuando finalmente salió de él, tenía los ojos más rojos que de costumbre. El rostro más triste que de costumbre. El ánimo más retraído que de costumbre.

—¿Pasa algo? —preguntó Leonora.

—Nada —respondió.

Capítulo 16

Su mefítica influencia envenena la Tierra;
hay gran copia de efebos cuya impudicia aterra.
Mas dicen que son males que trajo la posguerra.

RENATO LEDUC

El nombramiento del nuevo embajador de México en Suecia
salió justo a tiempo. Fue anunciado el 9 de febrero de 1945 y
Francisco Javier Aguilar González celebró su designación. Inmediatamente hizo preparativos para dejar Lisboa y mudarse
a Estocolmo. Pero la felicidad le duró poco. El 17 de febrero
de ese año, de manera inesperada y para muchos inexplicable,
murió su amigo y protector político, el poderoso secretario de
Comunicaciones y Obras Públicas, el general Maximino Ávila
Camacho, hermano mayor del presidente de México y, según
decían, aspirante a sucederlo en la silla presidencial.

Maximino había sido un hombre de carácter pendular que
pasaba de la bondad a la irritación extrema, pues sabía ser generoso, pero como enemigo resultaba temible. Lo contrastan-
te de su personalidad alimentó infinidad de leyendas, como la
que lo describía como gran bebedor, cuando lo cierto es que era
diabético y, por prescripción médica, abstemio. O la que aseguraba que había sido asesinado, cuando lo cierto es que murió
de una dolencia cardiaca.

Lo que definitivamente era real es que era mujeriego, le
gustaban el poder, el dinero y el rejoneo —no necesariamente

en ese orden—, pues de lo primero tuvo catorce hijos reconocidos con dos esposas y cinco amantes; de lo segundo todo lo que pudo acumular un general revolucionario, exgobernador y secretario del gobierno mexicano; de lo tercero, una fortuna adquirida de manera lícita e ilícita; riqueza que, por cierto, terminó dilapidada de manera trágica; y de lo último, una cuadra de finos caballos y una pasión que lo llevó a ser amigo de toreros y cantaoras de moda.

Con la muerte de Maximino, Aguilar González perdió a su valedor y más valioso aliado político, pero el trámite de plácet del gobierno sueco ya estaba en proceso, y salvado ese último obstáculo presentó cartas credenciales en Estocolmo el 28 de marzo de 1945.

La guerra estaba por terminar y Suecia, que había conseguido mantener su neutralidad durante el largo conflicto, era la puerta de escape para las víctimas del Frente Oriental y las naciones bálticas.

El embajador Aguilar González se dedicó a cumplir metódicamente con las obligaciones que le exigía el protocolo y, al mismo tiempo, se cercioró de que, entre los documentos que Gilberto Bosques había entregado en 1942 al embajador de Suecia en Vichy después de que este aceptara representar los intereses mexicanos, no existiera nada que dañara su historial diplomático.

Cumplida su misión, se imaginaba en pleno ascenso y esperaba que, terminada la guerra, lo llamasen a México para participar en la inminente campaña electoral que definiría al nuevo presidente. Sin embargo, la Secretaría de Relaciones Exteriores tenía otros planes.

En cambio, Gilberto Bosques, con quien había tenido acuerdos y desacuerdos en Vichy, fue nombrado embajador en Portugal, precisamente el puesto que Aguilar González dejara siete meses antes, lo que le hizo sospechar que, aunque exonerado, sus adversarios de la Cancillería lo mantenían bajo investigación.

El segundo suceso que le hizo adivinar lo que vendría fue que el Partido de la Revolución Mexicana, al que pertenecía desde su fundación, desapareció para convertirse en el Partido Revolucionario Institucional, y los militares revolucionarios que hasta entonces habían sido el grupo más influyente, perdieron el liderazgo ante los políticos civiles nacido en el siglo XX.

De la «quema» de 1946 se habían salvado sólo unos cuantos de sus camaradas, entre los que se contaba el general Gonzalo N. Santos, exdiputado y senador, exembajador de México en Bélgica y Dinamarca, saboteador por la fuerza de las armas de los resultados de las elecciones presidenciales de 1929 y 1940 y gobernador de San Luis Potosí, a quien apodaban el Alazán Tostado, y quien tenía un dominio casi absoluto desde la capital de su estado hasta la aduana de Tampico.

El Alazán Tostado le había recomendado que en tanto no mejorara la situación política en México, lo mejor era mantenerse en el cargo de embajador en Suecia, tal como él había tenido que hacer al ocupar el cargo de embajador en Bélgica cuando en 1933 lo acusaron de «nocivo» por sus diferencias con el presidente Calles.

Aguilar González consiguió mantenerse en su puesto hasta mayo de 1947, cuando supo que sería relevado por Salvador Pardo Bolland.

¡Al fin una buena noticia! Conocía a Pardo Bolland. Se sintió tranquilo de que su sucesor en Suecia fuera alguien —como se decía entonces— «del arma».

Preparó su regreso a México. Sabía que era costumbre que un presidente que empezaba su gobierno, como era el caso de Miguel Alemán, designara a personas de su confianza en las principales embajadas, y que tendría que esperar «en disponibilidad» antes de que el nuevo gobierno se fijara otra vez en él. Pero para su satisfacción ese mismo año fue designado embajador en China.

Salvador Pardo Bolland, por su parte, presentó cartas credenciales ante el gobierno de Suecia el 17 de junio de 1947 y estuvo en el cargo hasta el 10 de septiembre de 1948. Concluida su misión en Suecia, pasó dos años más en la delegación de México en la ONU y su siguiente misión fue Turquía, en 1951, en donde mantuvo contactos con las redes internacionales de narcotráfico.

De 1954 a 1956 fue embajador de México en Canadá, y posteriormente fue designado para hacerse cargo de la Embajada en India, donde pasó casi seis años al frente de la misión, hasta 1962, cuando fue transferido a la Embajada de México en Bolivia.

Pardo Bolland no lo sabía, pero la Agencia Federal de Narcóticos (FBN) de Estados Unidos, al igual que había hecho con otros diplomáticos latinoamericanos, lo tenía bajo vigilancia desde 1953 y estaba sobre su rastro.

Capítulo 17

Yo que siempre lidié toros pastueños,
seré en un coso de los más pequeños
cogido y muerto por mis propios sueños...

RENATO LEDUC

Kornél Friedmann había nacido en Budapest en 1918. Era cinco años menor que su hermano Endre, quien estando en París pagó su pasaje y le consiguió un empleo para que, junto con su madre, emigrara a Estados Unidos en 1937. A su llegada, Kornél decidió americanizar su nombre. Al amparo de la fama profesional de su hermano mayor, lo cambió por Cornell Capa. Ingresó a trabajar en el laboratorio fotográfico de la revista *Life* y con el tiempo fue escalando puestos hasta convertirse en un fotógrafo de fama internacional por sus reportajes gráficos de políticos como John F. Kennedy, artistas de cine como Clark Gable, y reportajes mundiales como los que realizó en el Amazonas.

En 1954, tras la muerte de su hermano en Indochina, ingresó a Magnum Photos. Con la muerte de David Seymour, ocurrida en Suez, en 1956, la presidencia de Magnum Photos pasó a manos de Cornell, quien desde entonces se fijó como meta preservar y difundir el legado fotográfico de su hermano.

Cornell decidió retirarse del fotoperiodismo en 1974 para dedicarse a lo que consideraba sería su misión por el resto de su vida. Ese año fundó el International Center of Photography

(ICP) en donde fue concentrando negativos, originales y copias impresas del trabajo que Robert Capa había realizado a lo largo de casi veinte años de actividad profesional.

En 1975 el historiador británico Phillip Knightley produjo el libro *The First Casualty: from Crimea to Vietnam*, en el que denunciaba a los fotógrafos corresponsales de guerra como fabricantes de mitos y distorsionadores de la verdad histórica.

Knightley arrasaba con todos, desde el mítico Roger Fenton, que en 1855 fotografió la Guerra de Crimea y fue acusado de haber manipulado la escena de su célebre foto del Valle de la Muerte al «decorarla» con balas de cañón colocadas a mano en el sendero sobre el que, según la historia oficial británica, había tenido lugar la carga de caballería de la Brigada Ligera.

Entre otras fotografías que Knightley señalaba como falsas o posadas, también estaba la famosa foto *Muerte de un miliciano*, que Robert Capa había captado en septiembre de 1936 durante la Guerra de España.

Cornell sentía una admiración reverencial por el trabajo de su hermano y reaccionó enfurecido ante lo que consideró un insulto a la memoria de Robert, pero sabía que sin el negativo original o la opinión calificada de un perito, sería imposible desmentir las maliciosas afirmaciones de Knightley.

A falta del negativo original, hizo contacto con el profesor Richard Whelan, el mayor experto en la obra de Robert Capa y su mejor biógrafo, y simultáneamente se dio a la tarea de buscar por todo el mundo los negativos de la rue Froidevaux, perdidos desde hacía treinta y cuatro años.

En su búsqueda, eventualmente recibía alguna noticia sobre el rastro de los negativos perdidos, pero casi siempre se trataba de historias fragmentarias o fantasías que terminaban por no conducir a ningún lado.

Decepcionado por los resultados y obsesionado por dar con los negativos, en 1975 hizo contacto con Imre Weisz, quien desde México respondió a sus preguntas con una carta en la que decía:

... Cuando los alemanes estaban a punto de entrar a París, puse los negativos de Bob en una mochila y me trasladé en bicicleta a Burdeos, en busca de un lugar en un barco que fuera a México. En el camino conocí a un chileno al que le pedí que llevara los negativos a su embajada para mantenerlos a salvo. Y aceptó.

Con esa pista, Cornell hizo algunas pesquisas en Chile sin resultado alguno. Transcurrieron un par de años de búsqueda estéril y concluyó que si los negativos nunca habían llegado a Suramérica, se debía a que tal vez no habían salido de Europa.

En 1979 publicó un anuncio en varias revistas europeas en el que pedía que lo contactara cualquiera que pudiera aportar información sobre el paradero de una maleta con negativos de la Guerra de España. Alguien respondió que la maleta había sido enterrada en un jardín en París. El jardín fue excavado, pero una vez más la búsqueda resultó estéril.

Desalentado por no poder encontrar los negativos, Cornell continuó trabajando con el profesor Whelan, quien pidió al detective Robert L. Franks, jefe de homicidios de la policía de Memphis, Tennessee, y perito fotógrafo forense, que revisara la fotografía *Muerte de un miliciano* y dictaminara si la persona que aparecía en ella había posado o se trataba de un hombre captado en el momento de su muerte.

El dictamen del capitán Franks no dejó lugar a dudas: «Por debajo del muslo izquierdo del miliciano, casi inadvertidos, asoman los dedos de la mano. Están contraídos, como si se tratara de una garra. Una persona que está por caer —dijo el experto forense— extiende la mano por mero instinto de conservación para protegerse de la caída. Pero los dedos de la mano izquierda del miliciano están contraídos, es decir, hay una pérdida total de control sobre sus miembros, a tal grado que no logra reaccionar al más imperioso de los instintos: el de evitar un daño al caer. Esa persona estaba muerta en el momento en que la foto fue tomada».

Tanto Cornell como el profesor Whelan se sintieron aliviados con la opinión del capitán Franks, pues acreditaba la calidad del trabajo fotográfico y la honestidad profesional de Robert Capa.

Sin embargo, Cornell también sabía que la mayor demostración, la definitiva, la que nadie podría rebatir, se encontraba en el negativo original y, obsesionado, volvió a preguntarse en dónde estaría y qué podría hacer para recuperarlo.

Para entonces el nombre de Robert Capa no solamente era una leyenda en los círculos periodísticos y de fotógrafos profesionales, sino que se había convertido en valiosa marca comercial, y Cornell comprendió que para que una marca tuviera éxito, debía ser irreprochablemente legítima y auténtica.

Era imprescindible que la foto más famosa de Robert quedara libre de toda sospecha, pues mientras la campaña del cuestionamiento y las acusaciones malintencionadas continuaran, su memoria no estaría a salvo de que cualquier supuesto experto se empeñara en decir que esa foto era posada. Pero él sabía que no era así. La carta que Imre Weisz le había enviado el 5 de julio de 1975 no dejaba lugar a dudas, pues además de relatar lo que había pasado con los negativos perdidos, daba fe de que Robert Capa era el autor de la foto original y, como laboratorista y procesador de la misma, Weisz certificaba su absoluta autenticidad.

Cornell, desde luego, estaba al tanto de los fraudes fotográficos que habían cometido otros afamados colegas suyos, como Joe Rosenthal, con la foto conocida como *Izando la bandera en Iwo Jima*, en donde poco después de la toma del Monte Suribachi, Rosenthal había puesto a posar a un grupo de Marines que voluntariamente se prestaron para ello, hasta que consiguió la imagen que buscaba, en detrimento de la menos espectacular pero totalmente legítima instantánea que, todavía al calor de los disparos, había captado horas antes el fotógrafo Louis Lowery.

Y también estaba el ridículo caso propagandístico de *La toma del Reichstag* por los soviéticos, en donde el fotógrafo ucraniano Yevgeni Jaldéi, judío como Rosenthal para más señas, no solamente había hecho posar a los sargentos Kantaria y Yegorov para obtener un falso momento de gloria, sino que incluso había retocado el paisaje que se apreciaba a la distancia al agregar densas nubes de humo para hacerla más espectacular y realista. Y ya en plena embriaguez de falsedades, Jaldéi había borrado uno de los dos comprometedores relojes de pulso que el sargento Yegorov llevaba en ambas manos, lo que delataban a uno de los héroes de *La toma del Reichstag* como un vulgar ladrón y participante en actos de saqueo y rapiña.

Cornell reflexionó sobre ello y concluyó que el prestigio de su hermano no podía quedar manchado por quienes se empeñaban en asegurar que esa fotografía, la más emblemática, la que mejor delataba los horrores de la guerra, era posada. No tenían ese derecho.

Él conocía a Bob mejor que nadie. Bueno, tal vez Gerda, Chim y Cziki lo hubieran conocido profesionalmente mejor que él, pues habían alternado con Bob en las peores condiciones, en los lugares más remotos, en las tareas más difíciles y las misiones más complejas; pero sólo él lo conocía como un hermano puede conocer a otro, y estaba convencido de que Bob no hubiera hecho algo así.

Era cierto que nunca había escuchado a Bob lamentarse por los negativos perdidos; pero eso era porque había vivido demasiado de prisa, la fama le había llegado demasiado rápido y todavía no terminaba un *assignment* cuando ya estaba metido en otro en el lado opuesto del mundo.

Su vida personal había sido un desorden completo, con deudas de juego, bellas amantes por aquí y por allá, siempre rodeado de celebridades y amigotes simpáticos con los que podía correrse una parranda de varios días, o perderse en la jungla o el desierto durante semanas, para emerger de ellas con unas tomas fantásticas que le aseguraban los mejores contratos.

Bastaba con ver el nombre de Robert Capa asociado a un trabajo periodístico para saber que aquello contenía calidad, riesgo, atrevimiento y ese estilo único del «ojo natural» de un fotógrafo excepcional.

Nada de estudios fotográficos, luces artificiales, maquillaje o vestuarios adecuados. El trabajo de Robert Capa era realidad pura y honestidad profesional sin límites. Así que *Muerte de un miliciano* no podía ser una foto posada, como la de Rosenthal, ni manipulada en laboratorio, como la de Jaldéi, porque si hubiese sido así, Cziki Weisz lo sabría.

Decidido y obsesionado, Cornell se propuso rescatar los negativos perdidos a como diera lugar.

Buscaría en donde fuera. No le importaba el tiempo que la búsqueda le tomase, porque estaba convencido de que algún día daría con ellos.

Capítulo 18

*Cuando seamos clásicos y la gloriosa
juventud nuestros nombres vitupere
si algún maestro pronunciarlos osa.*

RENATO LEDUC

Para 1950 Renato Leduc se había convertido en algo que despreciaba: era una celebridad urbana, más próximo a la leyenda de quienes no lo habían leído que a la realidad de quienes lo conocían. La fama no convocada le incomodaba y sorprendía, pues a lo largo de su vida había hecho lo posible por ser alguien, pero sin ser evidente. Sin embargo, su cordialidad de trato y sentido del humor terminaban por traicionarlo y, en cuanto estaba a gusto —«como marrano en el lodo», decía—, transformaba su conducta reservada en expansiva.

Su vieja amistad con Agustín Lara se acrecentó cuando el popular compositor se casó con la actriz María Félix, también amiga de Renato y a quien dedicó su poema *Se explica a María la condición de una vaca sentada*, a propósito de una anécdota que la diva narró de cuando regresaba de un viaje a Guadalajara y se encontró con una vaca sentada en mitad de la carretera.

Surrealismo puro.

Entre los tres integraban un núcleo de talento, carácter y belleza al que se fueron sumando algunos otros de sus amigos, atraídos por las imantadas personalidades del poliédrico trío.

Ocasionalmente se veía con Leonora Carrington, con quien mantuvo una relación de amistad a lo largo de los años y envió un viejo poema suyo —publicado en 1933— cuando se enteró de que Leonora había tenido un hijo con Imre Weisz.

Pero sus mundos seguían partidos por el ecuador de dos culturas opuestas, porque los dioses celtas del ciclo feniano, y el *nahual* —concepto mesoamericano de lo interior—, combinaban peor que un trago de té con pulque, y ambos no sólo lo sabían, sino que lo habían vivido y bebido.

Leonora y Renato eran, en resumen, un contraste. Ella, hija de familia aristocrática, era lo que le había placido ser. Él, huérfano de padre e hijo de la Revolución, era lo que había podido ser.

Mas como los polos se atraen, los dos dejaban de ser lo que eran cuando les placía. Entonces ella volvía a sus druidas y él a sus nahuales.

En el frenesí liberador de la posguerra, ella se volvió pintora famosa por su propio talento —y el apoyo de Edward James—; y él, contra su voluntad, en poeta «popular», y por voluntad propia, en columnista corrosivo.

«No hay buen periodista sin mala leche», decía.

Para ella se abrieron las herméticas puertas de las mejores galerías de Nueva York. Para él las nunca cerradas, abatibles y chirriantes puertas de cualquier cantina de la Ciudad de México.

Al final, el quehacer de ambos tenía igual mérito. Leonora hacía surrealismo desde su casa en la calle de Chihuahua, entre biberones y pañales; entre su luminosidad y el cuarto oscuro de Chiqui. Pero sólo era reconocida cuando se reunía con sus pares y marchantes del arte. Renato, entretanto, hacía periodismo y un poco de poesía a solas en su casa de la calle de Artes, y era reconocido en cuanto ponía un pie fuera de ella.

Cada quien con sus confines, ella era universal y un tanto excéntrica. Él, tan céntrico como el centro histórico de la Ciudad de México.

Ella exhibía. Él publicaba, pero nadie se atrevió a proponerle una velada literaria para leer su poesía —«la solemnidad es la seriedad de los pendejos», repetía—. Y si alguien se lo hubiese propuesto lo habría mandado a la chingada.

Era más parte que juez. Pero cuando emitía un juicio solía ser implacable. En una ocasión dijo a Octavio Paz, poeta mexicano que en los años cincuenta comenzaba a destacar como ensayista con *El laberinto de la soledad*:

—Tu prosa me encanta y creo que es mejor que la de Borges. Pero en cambio tu poesía no me gusta nada. Me parece muy abstracta y uno a veces no sabe lo que quieres decir.

—Pues mira lo que son las cosas, a mí sí me gusta tu poesía —respondió Paz.

Paz esperó treinta y siete años para cobrársela, cuando llamó a Leduc, en 1987, «poeta de los arrabales». Renato tenía para entonces casi un año de muerto, porque de haber vivido hubiera inscrito a Paz en el club de los «poetas de ambigua envergadura».

Leduc era un poeta para poetas y al mismo tiempo poeta para las masas. Los primeros decían que su obra era retórico-poética; pero el caso era que Leduc nunca estudió retórica. Al enterarse de lo que otros poetas comenzaban a decir de su poesía, se anticipó y la llamó «poesía retórica del desguace», pues con frecuencia terminaba sus versos seducido por su irrevocable inclinación al desmadre y la aparente —sólo aparente— autodestrucción, al estilo del poeta posmodernista colombiano Luis Carlos López: «Tiempos de ideales y de frases hechas./ ¿Quién no insinuó a su prima con violetas/ y otra flor, esperanzas tan concretas/ cual dormir una noche entre sus tetas…?».

Como un experto operador de heliógrafos, Renato conocía todos los matices del gris y sabía que la luz artificial, como el falso talento, no era más que un travesti de la realidad.

Con los poetas con los que Leduc definitivamente nunca hizo ronda —aunque los leía y algunos le gustaban, era con los que llamaba «exquisitos». A esos no los trataba en verso, sino en prosa.

Con *Los banquetes*, publicado originalmente en 1932 —y casi inédito, pues muy pocos se enteraron—, y republicado en

1944, apareció su ensayo *Corydon o de los amores*, que arrasaba con André Gide, supremo sacerdote del neouranismo, corriente que contaba con muchos acólitos de esa misa entre los literatos de México, sobre todo los que eran parte del grupo Contemporáneos —Villaurrutia, Torres Bodet (aquel que había salido huyendo en el Packard de siete asientos de la Legación de México en Bruselas), Cuesta, Novo, Pellicer, *et al.*—. Aunque Renato era coetáneo de todos ellos, entre los Contemporáneos y el «poeta de los arrabales» había un abismo de distancia.

Aquellos disputaban por ser los primeros en leer y traducir a Gide. Renato, socarrón, decía: «¡Puto el último!».

En cambio, Leduc respetaba a los poetas exiliados en México. Era amigo de Benjamin Péret y gustaba de leer a León Felipe, Luis Cernuda y Pedro Garfias, entre otros. Pero también estaban los poetas jóvenes que pertenecían a la segunda generación de exiliados; aquellos que llegaron a México todavía adolescentes, como Ramón Xirau, Nuria Parés, Tomás Segovia y otros que, con nostalgia por lo poco que habían vivido en el solar paterno y añoranza por lo que habían dejado de vivir, buscaban a España en México.

A ellos, Renato les decía:

—No busques a tu patria perdida en tu patria adoptiva. México no es España. Búscala en tu poesía. Ahí la encontrarás.

Los admiradores de Renato le insistían para que participara en política, y aunque durante mucho tiempo se resistió, terminó por hacerlo cuando, durante un viaje del presidente Adolfo López Mateos a Venezuela, este desacreditó los comentarios que unos meses antes había hecho Leduc en Caracas sobre el fracaso de la Revolución Mexicana.

—¿Quién fue el que dijo que la Revolución Mexicana fracasó? —preguntó López Mateos a los periodistas venezolanos que lo entrevistaban.

—Renato Leduc —le respondieron.

—¡Ah, bueno! ¡Pero ese es poeta! —respondió el presidente mexicano, en tono despectivo.

Lejos de molestarse por el comentario, Renato lo tomó a chunga y mandó imprimir vistosas tarjetas de presentación en las que se leía:

RENATO LEDUC
· poeta ·
&
(por decreto presidencial)

Y para hacer rabiar al gobierno de López Mateos, quien, por cierto, había sido su condiscípulo y amigo de juventudes, en 1964 presentó su candidatura a senador por el Frente Electoral del Pueblo, pequeño partido de izquierda en el que también militaba el muralista David Alfaro Siqueiros, sin posibilidad de obtener ningún triunfo electoral.

Sin embargo, el diagnóstico que Renato había hecho en Venezuela era acertado. En 1968 México entró en efervescencia política. Los virajes a la derecha de los gobiernos que sucedieron al de Lázaro Cárdenas fueron como golpes de mar contra los cimientos de la izquierda revolucionaria, y como pasa con el oleaje que impacta contra la escollera, la fachada ideológica fue minada. Y colapsó.

Cuando aconteció, los vástagos de las familias de exiliados fueron cogidos en medio de dos fuegos: tenían que decidir entre vivir agradecidos con los gobiernos que sucedieron al que había dado asilo a sus padres veintiocho años antes, o rebelarse.

La mayoría se decidió por lo segundo. Pero los cogollos de esa nueva izquierda criolla y mestiza estaban divididos en facciones, en grupos, en sectas más inclinadas al dogma ideológico que al propósito específico. Simplemente no les gustaba ser lo que el sistema quería que fuesen.

El movimiento, que inició con un pleito entre estudiantes y derivó en un enfrentamiento con los granaderos de la policía, estalló; pero al reventar le surgieron demasiadas ideas, lo que era bueno; demasiados objetivos, lo que era excelente, y demasiados líderes, lo que resultó fatal.

A los asilados españoles —mujeres y hombres para entonces ya maduros— las desavenencias de los jóvenes líderes de los sucesos de 1968 les preocupaban, y al mezclarse con ellos los viejos comunistas mexicanos, tan dogmáticos y divididos, recordaban lo que había sucedido a la izquierda española a partir del verano de 1937, y temían que hubiese un nuevo Andreu Nin y un general Orlov.

El gobierno primero contratacó con adjetivos. Cuando estos no bastaron, lo hizo con represión, y cuando la represión fue insuficiente, con violencia, cárcel y masacre.

Entre quienes se rebelaron estaban Gabriel y Pablo, los dos hijos de Imre Weisz y Leonora Carrington, estudiantes de la UNAM, como muchos otros. Docenas terminaron en el panteón o desaparecidos. Otras docenas en la cárcel. Leonora y sus hijos emigraron temporalmente a Estados Unidos.

Cuando la represión cesó en las calles, comenzaron los Juegos de la XIX Olimpiada en los estadios, y la ciudad se sentó a mirar con fascinación cómo los atletas batían récords y los velocistas Tommie Smith y John Carlos protestaban contra la discriminación racial con el puño en alto.

Chiqui Weisz se refugió en su cuarto oscuro de la Ciudad de México, que seguía pareciéndole el lugar más seguro del mundo. Después de todo, la calle de Chihuahua no era la rue Froidevaux ni Gustavo Díaz Ordaz era Hitler.

A Renato Leduc el Movimiento del '68 no lo sorprendió. Tampoco lo alarmó. Acaso lo entristeció por su desenlace. Tenía setenta años, conocía la naturaleza humana demasiado bien y la política mexicana más que bien, y previó que algunos de los líderes que más protestaban y profesores universitarios que más pontificaban terminarían de burócratas de altos vuelos en las filas del próximo gobierno.

—Si a los malos gobiernos los tumbara la poesía, yo ya hubiera derrumbado media docena —decía, entre carcajadas, al enterarse de que en el auditorio de la Facultad de Filosofía y Letras habría una lectura de «poesía de protesta».

En los sesenta, Renato fue elegido vicepresidente de la Asociación International de Periodistas (IPA), de filiación izquierdista. Contra lo que era de esperarse —pues previamente había rehusado otras distinciones y honores provenientes de los círculos literarios—, aceptó el cargo y, precedido de su fama, acudió a la reunión que se celebraría a bordo del *Litva*, un barco turístico de bandera soviética que recorrería los principales puertos del Mediterráneo mientras los asambleístas a bordo celebraban la Tercera Reunión Mundial de Periodistas.

Como vicepresidente de la IPA, Renato —andarín irredento— volvió a viajar por el mundo y conoció a los nuevos líderes de la izquierda y el anticolonialismo mundial, como Ahmed Ben Bella, Zhou Enlai, Fidel Castro, Sukarno, Allende y muchos otros.

Le rogaron para que aceptara presidir la Asociación Mexicana de Periodistas, de la que había sido fundador y estaba distanciado porque una directiva corrupta la utilizaba para chantajes políticos.

Renato, con su reconocida autoridad moral, aceptó el encargo a condición de que los corruptos fueran expulsados de la Asociación, y desde entonces se ganó el mote de Gran Jefe Pluma Blanca, que tan bien le iba por su honestidad profesional, su tez morena, angulosos rasgos faciales y alba cabellera, «caudillo de una tribu extinta de comanches, dueño de secretos indios y comedor de vidrio», como lo describió su biógrafo José Ramón Garmabella.

En esa misma década al mundo le dio por cantar poesía. El fenómeno había comenzado algunos años antes con letras musicalizadas del poeta brasileño Vinicius de Moraes. Lo retomó el cantautor catalán Joan Manuel Serrat, que en plena tiranía franquista encontró en esa ingeniosa fórmula la manera de hacer justicia a poetas que habían muerto en prisión, como Miguel Hernández, o en el exilio, como Antonio Machado.

La moda tardó en llegar a México, pero cuando lo hizo aterrizó en un soneto que Renato Leduc había escrito en los años veinte, publicado en 1932 en el libro *Unos cuantos sonetos…* con el nombre de *Time is money*; rebautizado por el autor en *Breve glosa al Libro de buen amor* (1939) como *Aquí se habla del tiempo perdido que, como dice el dicho, los santos lo lloran*, y convertido en canción por el músico Rubén Fuentes con el nombre de *Tiempo*.

El ya de por sí popular Leduc se volvió popularísimo con su soneto-canción. Pero Renato, autocrítico en extremo, decía del soneto que era una de sus obras menores, nacida durante sus años de estudiante del bachillerato por una apuesta con otro versificador que lo retó a aconsonantar la palabra *tiempo*. Cuando Leduc descubrió que *tiempo* no rimaba con ninguna otra, la rimó consigo misma y produjo una pequeña joya.

Envidiado por otros poetas, celebrado por la masa, se convirtió en una especie de *rock star*. La gente común que se lo topaba por la calle lo detenía y se ponía a cantar el primer verso de *Tiempo*:

—*Saaabia virtud de conocer el tiempooo*… ¡Qué chingón, maestro Leduc! ¡Qué chingón! —exclamaban.

Al principio, a Leduc la fama le hizo gracia. Pero cuando el disco, grabado a dúo por las reconocibles y populares voces de los cantantes Marco Antonio Muñiz y José-José alcanzó ventas insospechadas, la celebridad se le convirtió en una molestia cotidiana.

Contradictorio fenómeno este en el que los mexicanos, que cultural y socialmente son indiferentes al tiempo propio y ajeno —«hay cosas urgentes… y pendejos con prisa», había dicho Renato—, estuvieran embelesados con la descripción que Leduc hacía sobre el sabio uso del tiempo.

Quizá lo que más les hechizaba era el último verso del soneto, en donde Leduc declaraba su añoranza por «la dicha inútil de perder el tiempo».

Renato, sin embargo, sabía manejar su tiempo con elegante parsimonia. En 1932 había escrito estos párrafos en su ensayo *Corydon o de los amores*:

«En este instante diría [...]: Señores, ha llegado el momento de las confidencias, es hora de escribir, exclusivamente para ustedes, *Mis Memorias*.

»En este mismo instante diría eso... si no fuera porque un relojero avieso me inició desde antes en la ciencia deleitosa de desarmar relojes y he desarmado el mío y no sé qué momento ha llegado ni qué hora es...».

Deliciosa manera tuvo Renato de excusarse por su conocida impuntualidad y para jamás escribir sus *Memorias*. Por falta de tiempo, precisamente.

Contradictorio, reconocía que él no era el ser preocupado por el tiempo que describía su soneto. Era el que describía su prosa, y llegado el momento pospuso el tiempo narrativo con el irrebatible argumento de no saber qué hora era.

Ese era el Renato que reconocían quienes lo conocieron bien. El Leduc al que le sobraba tiempo para gastárselo... pero sólo en lo que le era grato, y sin tiempo ninguno para lo solemne e ingrato.

La celebridad, que recibió gustoso los primeros días con el paso del tiempo le empezó a chocar. La trataba como impostora y se burlaba de ella: «Me sorprende la vieja y sostenida popularidad de ese banal ejercicio de retórica que es mi soneto *Tiempo*», escribió en 1966.

Renato, de tan genuino, comenzó a ser falseado, exagerado, mitificado. Entre quienes no lo conocían pero habían escuchado hablar de él, no faltaba el recién llegado que le dijera:

—Renato, cuéntenos de cuando le mentó la madre a Hitler.

—¿Quién te dijo semejante pendejada?

—Un amigo que lo conoce platicó que una vez, en París, usted le mentó la madre a Hitler.

—¿Y cómo se llama tu amigo, ese que dice que me conoce?

—Fulano —respondía el impertinente.

—Pues dile que chingue a su madre de parte de Hitler y mía. Y que no me atribuya mentadas que no son de mi autoría.

Fastidiado, decidió hacer algo al respecto. Pero lo único que se le ocurrió fue reservar los comentarios sobre su vida en Europa para sus amigos. Mas no bastó. La fama lo perseguía con tenacidad. Y los políticos, a quienes despreciaba, lo perseguían con halagos. Pero Leduc no se dejaba seducir. En su juventud había leído el libro *Posturas difíciles* del antisolemne vate colombiano Luis Carlos López, y recordaba el verso que López había escrito cuando pretendieron coronarlo campeón de los Juegos Florales en Cartagena de Indias: «¡Conque me van a coronar!... ¿Se ha visto/ más burda y más imbécil tiradera,/ que la de coronarme como a un Cristo/ que no ha de redimir ni a una portera...?».

A pesar de todo —quizá por su edad y sus dolencias, y porque Renato se había vuelto a casar años atrás, tenía descendencia, había dejado de beber y vivía con muy pocos ahorros—, en 1978 aceptó el Premio Nacional de Periodismo —que volvería a ganar en 1983—, y en 1982 admitió que el presidente López Portillo develara un busto suyo en un jardín que desde entonces lleva su nombre.

Pero, fiel a su modo de ser y debido a lo menguado de su vista, al cabo de la ceremonia confundió al profesor Carlos Hank González, a la sazón gobernante de la Ciudad de México, con un jardinero:

—Oye, mano. Noté que aquí todos te saludan. ¿Trabajas aquí?

—¿Aquí dónde? —preguntó Hank González, sorprendido.

—Aquí, hombre, en este jardín.

—Pues en cierto modo se puede decir que soy el responsable. ¿Qué se le ofrece, Renato? —respondió Hank.

—Te quiero pedir un favor.

—El que usted guste. Este jardín lleva desde hoy su nombre y aquí usted ordena —dijo Hank, que era famoso por su trato amable.

—Te encargo que de vez en cuando le echen un chorro de agua a mi busto porque noté que en este jardín hay muchas aves, y ya ves que no hay pájaro que se resista al placer de cagarse en una estatua.

De Renato Leduc López nunca se supo con exactitud la fecha de su nacimiento. Sus documentos oficiales señalaban que había nacido en el pueblo de Tlalpan, Ciudad de México, en noviembre de 1895. Sin embargo, en su «Autominibiografía», publicada en el libro *Historia de lo inmediato*, de 1976, consignó como fecha de su natalicio el 16 de noviembre de 1897. Y lo explicaba así:

Mi padre, Alberto Leduc, hijo de un zuavo normando de las tropas invasoras del *marechal* Bazaine. Mi madre, Amalia López, era mestiza del rumbo de Calpulalpan [...]. Mis coetáneos más ilustres y más próximos, esto es, nacidos el mismo año que yo, fueron el pintor David Alfaro Siqueiros y el coronel José Sataray Ortega [...] ya difuntos ambos. No es mi culpa sobrevivirles ni representar —según amigos y conocidos— diez años menos de los que tengo. Eso me permitiría quitarme la edad. No lo hago porque desde mi lejana pubertad me vi obligado más bien a aumentármela para presumir de hombre, no por bravuconería ni por machismo precoz, sino porque a la muerte de mi padre la miseria obligó a mi madre, a mis trece años, a habilitarme de quinceañero para conseguir trabajo.

Durante los últimos años de su vida Renato padeció una cierta cojera como resultado de la fractura de una pierna, y una afectación visual que casi lo deja ciego. Con más de ochenta años, seguía asistiendo a las corridas de toros, a los cafés, cantinas y restaurantes de la ciudad.

Murió el primero de octubre de 1986, a los 89 años de edad, según sus cuentas, o a los 91, según las cuentas del Registro Civil. Lo mismo da. El caso es que vivió una vida plena y, como decía su popular soneto, se desató de ella a tiempo.

Antes de su muerte, junto al portal de una casa ubicada frente a la Plaza de la Constitución del pueblo de Tlalpan, sitio en el que después se estableció la cantina La Jalisciense, se fijó una placa de bronce que decía: «Al gran poeta y periodista Renato Leduc, que en este lugar nació el 16 de noviembre de 1895».

Nadie, salvo Leduc, podría asegurar que, en efecto, lo que decía el bronce era cierto, y que Renato había nacido en ese sitio y esa fecha.

—Si no lo corregí en papel, menos lo corrijo en bronce —respondió cuando le preguntaron sobre su verdadero año de nacimiento.

Renato, quien fue cliente asiduo del libérrimo giro en donde se expenden bebidas espirituosas y otros caldos —tanto etílicos como de borrego—, habría estado de acuerdo con que la para entonces centenaria casa paterna se convirtiera en cantina o burdel antes que en convento, sede de algún partido político o ágora de intelectuales.

Es que Renato fue un ser de esos de los que después ya no hubo; que venía, como decía uno de sus versos, del «tiempo en el que el amor usaba flechas/ y se invitaba al coito con endechas».

Capítulo 19

Miraba al mundo como ve el perico,
glacial el ojo y maldiciente el pico,
y el mar para beber se me hacía chico.

RENATO LEDUC

En 1949 Francisco Javier Aguilar González terminó su misión como embajador de México ante el gobierno del Kuomintang del general Chiang Kai-shek. Había sido su segunda Embajada en China, tenía cincuenta y cuatro años, estaba en plenitud de facultades, contaba con el aprendizaje internacional que le había dejado ser embajador en Japón, Francia, Portugal, Suecia, China —en dos ocasiones— y esperaba ser premiado con una designación de importancia; pero, para su desencanto, la Secretaría de Relaciones Exteriores decidió ponerlo una vez más «en disponibilidad».

Faltaban tres años para el inicio del nuevo gobierno y sus aliados políticos seguían cayendo en desgracia. O, lo que era peor, en el olvido. Sin embargo, se sintió reconfortado porque sus compañeros de armas dentro de la Secretaría de la Defensa no se olvidaron de él y en 1950 fue ascendido a general de división.

La obsesión por su pasado lo seguía atormentando. Mientras estaba a cargo de la Embajada de México en China, Salvador Pardo Bolland, su sucesor como embajador en Suecia, había sido transferido a Turquía y en su lugar llegó Gilberto Bosques para hacerse cargo de la Embajada en Estocolmo.

Como no creía en las casualidades, sospechaba que Bosques —quien previamente también lo había sucedido en el cargo de embajador en la Francia de Vichy y en Portugal— estaba pasando información que lo afectaba, pues sólo así se explicaba que el gobierno mexicano desperdiciara su experiencia y lo pusieran, otra vez, en la congeladora.

Volvió a echar mano de todos sus recursos, amistades y relaciones para obtener alguna embajada, pero el gobierno del presidente Miguel Alemán tenía otros planes.

En 1952 el gobierno de Adolfo Ruiz Cortines sucedió al de Alemán, y Aguilar González volvió a tocar todas las puertas a su alcance para obtener un nuevo nombramiento. Incluso acudió a su yerno, el general brigadier Radamés Gaxiola Andrade (casado con su hija Graciela), excomandante del Escuadrón 201 de la Fuerza Aérea Mexicana que había combatido en Filipinas durante la Segunda Guerra Mundial, por lo que fue condecorado por los gobiernos de México y Estados Unidos y ascendido a subjefe del estado Mayor Presidencial, en donde era piloto del avión del Presidente. Pero pasaron otros tres años hasta que, finalmente, logró que el presidente Ruiz Cortines se fijara en él.

En marzo de 1956 fue nombrado embajador de México en Argentina. Estaba por cumplir sesenta y un años.

Cuando en la Secretaría de Relaciones Exteriores se integraba su expediente para obtener el plácet del gobierno Argentino, surgieron algunos problemas relacionados con su antiguo cargo de embajador en Francia.

En el archivo había desaparecido prácticamente toda referencia y lo que quedaba era una escueta ficha en la que se leía: «El 9 de diciembre de 1940 Francisco Javier Aguilar González fue nombrado EEMP ante el gobierno de Francia y en su expediente se consigna que el 14 de febrero de 1941 llegó a tomar posesión de la legación en Vichy, pero no aclara si permaneció en dicha ciudad hasta la llegada del siguiente titular».

Al archivista aquello le pareció sumamente extraño. Aguilar González no aparecía en la lista de embajadores de México en Francia a pesar de que tenía el mismo rango que su antecesor Luis Ignacio Rodríguez Taboada, y su predecesor Antonio Ríos Zertuche. Era como si la Embajada de México en Vichy no hubiese existido nunca.

«Aquí pasó algo extraño. Alguien metió la mano en el expediente», reflexionó el archivista.

Un mes más tarde Aguilar González presentó cartas credenciales ante el gobierno argentino del presidente Pedro Eugenio Aramburu. Al tomar posesión el nuevo embajador cumplió pulcramente con el proceso protocolario y se fijó como tarea rehabilitar sus calificaciones diplomáticas. Se abstuvo de exposiciones innecesarias, de frecuentar amistades comprometedoras y se dedicó a cumplir con su misión de la mejor manera posible.

Pero dos años más tarde, hasta Buenos Aires comenzaron a llegar rumores que lo inquietaron. El Federal Bureau of Narcotics (FBN) estaba tras la pista de varios diplomáticos latinoamericanos que habían participado en operaciones de contrabando de droga a Estados Unidos y, por lo que se decía, los arrestos podrían tener lugar en cualquier momento.

Para colmo, en el Aeroparque 17 de Octubre de Buenos Aires, en 1958 sucedió un hecho tragicómico a causa de un avión que tuvo un accidente durante la maniobra de aterrizaje, y al salir despedida parte de su carga, quedó expuesto un contrabando de lencería americana que según el diputado argentino Agustín Rodríguez Araya había sido registrado como valija diplomática consignada al embajador de México en Argentina Francisco Javier Aguilar González.

En septiembrte de ese año Rodríguez Araya pronunció un encendido discurso en el Congreso Argentino en el que acusaba al embajador de México de contrabandista. La situación personal y profesional del general Francisco Javier Aguilar González se complicó a causa del escándalo internacional, pero dos meses después Aguilar decidió hacer declaraciones exculpatorias a la agencia de prensa United Press International que el 15 de diciembre de 1958 emitió el siguiente comunicado:

El Gral. Aguilar Reta a Duelo a un Diputado Argentino

CIUDAD DE MÉXICO. —UPI— El General Francisco J. Aguilar, Embajador de México en la Argentina, reveló que ha desafiado a un diputado argentino a un «duelo a muerte», a menos que el diputado presente por los medios legales una aclaración sobre una acusación de contrabando que ha lanzado contra Aguilar. El General Aguilar dijo que había escrito al diputado oposicionista Agustín Rodríguez Araya el domingo, diciéndole que el duelo sería «sin publicidad, discreto, sin pompa y conforme a las circunstancias, y no sería un asunto de ópera cómica».

Araya lanzó las acusaciones contra Aguilar en septiembre último, en la tribuna de la Cámara de Diputados de la Argentina, y pidió que el embajador saliera del país.

«Como había pedido mi retirada voluntaria de la Argentina [dijo ayer el General Aguilar] yo estaba en libertad para contestarle».

El General dijo que no había hecho ninguna declaración hasta que pudiera obtenerse una declaración oficial.

Aguilar se encontraba en los Estados Unidos de vacaciones cuando Araya lo acusó. Aunque ha presentado, como es costumbre, la renuncia de su cargo, como lo han hecho los demás embajadores con motivo de la toma de posesión del nuevo presidente el 1º de diciembre, su renuncia no ha sido aceptada oficialmente ni se ha nombrado a ninguna persona como su sucesor acreditado ante el gobierno argentino.

La carta de desafío dice: «Proceder arbitrariamente como usted lo que ha hecho es provocar incomprensiones entre los pueblos en el campo de las relaciones internacionales».

El General declaró que lo que se alegaba de que había embarcado ilegalmente artículos a la Argentina era «falso, irracional y calumnioso». En la epístola a Araya le dice: «Usted ha mentido, no es digno de formar parte del honorable Congreso de su país».

Agregó Aguilar que a las acusaciones de Araya les faltaba hasta consistencia, pues el diputado alegaba que el embajador había enviado objetos desde Nueva York dirigidos a sí mismo en

Buenos Aires. Durante ese periodo, según dijo Aguilar, no había salido de Argentina.

Si Araya no acepta el duelo según las condiciones de la carta de Aguilar, cada quien renunciaría a su respectivo puesto de embajador y de diputado y se someterían a una investigación de las autoridades argentinas. Si Aguilar resultara absuelto, Araya vendría a México a enfrentarse a las acusaciones de difamación y calumnia. «Si el diputado acepta el duelo —dijo el General— escogerá el lugar en un tercer país, equidistante de México y la Argentina».

El general dijo que se encontrarían ahí, sin publicidad y los resultados no serían conocidos sino «hasta que uno de los dos regrese a su país y el otro no lo haga».

El escándalo desatado por las acusaciones del diputado argentino también había llegado a la Cancillería Mexicana en vísperas de la toma de posesión de cargo del nuevo presidente de México. Desde luego se esperaba que, de acuerdo a la costumbre, el nuevo presidente hiciera un cambio masivo de embajadores; pero también se temía que, dados los rumores, no sólo consistiría en el acostumbrado enroque de posiciones, sino en una limpia de raíz.

Al frente de la tarea estaba Manuel Tello Baurraud, el diplomático mexicano de mayor experiencia, méritos y conocimientos pues había recorrido todos los puestos de la Cancillería, desde cónsul a oficial mayor, subsecretario, embajador en Estados Unidos y dos veces secretario de Relaciones Exteriores. En pocas palabras, Manuel Tello conocía el *quién es quién* de todo el servicio exterior mexicano e iba a resultar un fiscal formidable para aquellos que habían torcido el camino.

En febrero de 1959 los presidentes Eisenhower y López Mateos sostuvieron una reunión en Acapulco y al término de esta anunciaron acuerdos bilaterales en materia de límites fronterizos y problemas de comercialización. Lo que nunca se hizo público fue la conversación que ambos presidentes sostuvieron sobre los rumores de contrabando de drogas que se venían escuchando.

Varios diplomáticos mexicanos respiraron aliviados. Sin embargo, el 11 de abril de 1959, Francisco Javier Aguilar González cesó de sus funciones como embajador de México en Argentina. Según se dijo tiempo después, su separación del cargo tuvo como origen las acusaciones presentadas por el diputado argentino Rodríguez Araya y el general José Beltrán M., quien había sido su jefe en la agregaduría militar en Washington durante los treinta. Aunque también se dijo que Aguilar González cesó porque había llegado a la edad de retiro.

Pero el problema de los diplomáticos latinoamericanos involucrados en contrabando de drogas no terminó ahí.

Al año siguiente, un agente de la oficina de la Federal Bureau of Narcotics en Líbano advirtió a su central que había detectado tráfico de heroína entre Beirut y Francia destinado a un empresario de nombre Etienne Tarditti, quien era socio de los mafiosos Félix Barnier, Gilbert Coscia y Robert le Coat. El agente de la FBN sospechaba que el destino final de las drogas sería Estados Unidos, y como dato adicional destacó que en el negocio estaban involucrados varios diplomáticos latinoamericanos.

El FBN, por su parte, tenía conocimiento de que un tal Charles Bourbonnais era el encargado de traficar droga desde París a un mafioso neoyorkino llamado Robert Ager, quien en los últimos años había contrabandeado con éxito más de cincuenta cargamentos disfrazados de valijas diplomáticas.

El diplomático latinoamericano involucrado resultó ser Mauricio Rosal, embajador de Guatemala en Bélgica, quien en cada viaje pasaba cincuenta kilos de heroína.

En una operación conjunta de la FBN y la Sûreté francesa, todos los miembros de la banda, excepto Gilbert Coscia que logró escapar, fueron arrestados, procesados y sentenciados.

Sin embargo, durante los interrogatorios el FBN descubrió que Mauricio Rosal no era el único diplomático latinoamericano inmiscuido en el tráfico de drogas. La investigación continuó bajo el nombre en clave de French Connection.

De acuerdo a las indagaciones, la red de diplomáticos latinoamericanos que traficaban con heroína desde el Medio Oriente funcionaba desde 1951 y estaba compuesta por Salvador Pardo Bolland, para entonces embajador de México en Turquía; Marco Aurelio Almazán Díaz, embajador de México en Líbano y Siria; Enrique F. Lupiz, embajador de Argentina en Turquía; José Manzor, encargado de negocios de la Embajada de Uruguay en Líbano y Juan Arizti, encargado de negocios de Uruguay en Tel Aviv y Atenas.

El mexicano Almazán y el argentino Lupiz habían sido reclutados por el mafioso sirio-libanés Antoine Araman, quien posteriormente enganchó en el negocio al resto de la pandilla de narcodiplomáticos.

Almazán llegó a hacer diecinueve viajes con droga a Estados Unidos y en retribución recibió de Araman veinticinco mil dólares por cada entrega exitosa.

En 1956 Salvador Pardo Bolland fue nombrado embajador de México en Canadá, y el tráfico de droga se desbordó cuando comenzó a trabajar para el mafioso francés Jean Jehan, cerebro de la operación French Connection.

Al terminar su misión en Canadá, Pardo Bolland fue designado embajador de México en India, y no obstante la lejanía, en 1959 se alió a los mafiosos franceses Gilbert Coscia, Jean-Baptiste Giacobetti y Charles Marignani para traficar heroína desde Francia.

Pero pasaron casi cuatro años antes de que el FBN lograra desenredar la madeja.

En febrero de 1964 un hombre de apariencia distinguida se alojó en un elegante hotel de Cannes, en la Riviera Francesa, bajo el nombre de Lorenzo Suárez de Mendoza. Una revisión rutinaria de la Sûreté a los pasaportes de los huéspedes del hotel arrojó algo inesperado. El pasaporte de Lorenzo Suárez Mendoza era falso y el nombre verdadero de quien lo portaba era Salvador Pardo Bolland, que para entonces había dejado de ser embajador de México en India para ser asignado a la Embajada Mexicana en Bolivia.

La policía francesa siguió a Pardo Bolland. Lo vieron reunirse con otro individuo que, tras algunas pesquisas, resultó ser Juan Arizti, el antiguo encargado de negocios de Uruguay en Atenas y en ese momento embajador de su país en Colombia.

Lo que parecía una reunión de diplomáticos latinoamericanos que por alguna razón ocultaban sus verdaderas identidades hizo sonar las alarmas cuando, dos días más tarde, los dos embajadores se reunieron con el mafioso Gilbert Coscia —único fugitivo de la banda de narcotraficantes y diplomáticos que había sido capturado cuatro años antes en Nueva York—, así como el conocido narcotraficante Jean Baptiste Giacobetti.

El 15 de febrero el embajador Arizti tomó un vuelo de Niza a Montreal llevando consigo siete maletas. Al arribar a Montreal mostró su pasaporte diplomático a la autoridad migratoria y cruzó la aduana canadiense sin que su equipaje fuera revisado, pero ignorando que antes de recoger sus maletas la policía montada de Canadá —puesta sobre aviso por el FBN— había comprobado su contenido y encontrado un gran número de bolsas de plástico con polvo blanco en su interior.

Después de dejar el aeropuerto Arizti se dirigió a la estación del tren de Montreal y depositó cuatro de las siete maletas dentro de los *lockers* de renta al público. Los agentes de la policía canadiense obtuvieron una orden judicial para abrir los *lockers*, comprobaron las maletas, extrajeron la heroína y la sustituyeron con bolsas de harina, dejando dentro de cada maleta una bolsa de heroína con doscientos cincuenta gramos de peso, evidencia suficiente para acusar a Arizti por tráfico masivo de drogas.

Casi al mismo tiempo, el mafioso francés René Bruchon viajó con pasaporte falso de Génova a Nueva York, y simultáneamente Salvador Pardo Bolland tomó un vuelo de París al mismo destino. Al día siguiente Arizti recogió las cuatro maletas que había dejado en los *lockers* y abordó el tren de Montreal a Nueva York, en donde se alojó en el Hotel Elysee, en una habitación vecina a la que ya ocupaba Pardo Bolland.

Lo que ambos embajadores no sabían era que en el cuarto contiguo los agentes de la FBN habían montado un sistema de escucha de todas sus conversaciones.

El 21 de febrero de 1964, René Bruchon recibió una llamada desde Europa alertándolo para que abandonaran Estados Unidos cuanto antes, pues algo había salido mal.

No alcanzaron a escapar. Con pruebas de que habían tratado de introducir ciento sesenta kilos de heroína en Canadá y Estados Unidos, el FBN se movilizó para aprehender a Pardo Bolland, Arizti y Bruchon en Nueva York, mientras que en Francia la Sûreté arrestaba a los mafiosos Gilbert Coscia y Jean Baptiste Giacobetti.

Ese mismo día, en California, los presidentes Adolfo López Mateos y Lyndon B. Johnson iniciaban la reunión México-Estados Unidos con sendos discursos pronunciados en las instalaciones de la Universidad de California, en Los Ángeles.

Para Johnson, un experimentado político texano famoso por su ruda franqueza y considerado entre los duros en sus tiempos de senador, esa era su primera entrevista con un presidente mexicano y, de hecho, su debut en política internacional después de haber ocupado la presidencia de su país tras el asesinato de John F. Kennedy, acontecido tres meses antes.

A Johnson le preocupaba mantener el nivel de entendimiento y buena vecindad que sus antecesores habían conseguido establecer con López Mateos, un experimentado político que en seis años se había entrevistado tres veces con el presidente Eisenhower y una vez con Kennedy, con quienes había construido un fuerte lazo de simpatía personal y productiva relación.

Johnson, un novato en política internacional, estaba preocupado, pues tenía que responder a las quejas del gobierno mexicano por la salinidad de las aguas del río Colorado, la devolución del territorio fronterizo conocido como El Chamizal, además de varios conflictos de comercio bilateral.

Tras los discursos protocolarios en Los Ángeles y siguiendo el consejo de sus asesores, Johnson invitó a López Mateos a continuar la cumbre presidencial en el relajado ambiente del balneario de Palm Spring, en mitad del desierto californiano.

Durante la primera ronda de conversaciones Johnson escuchó con atención las quejas mexicanas, expresadas con el pulido estilo de López Mateos, quien tenía fama de ser sumamente carismático y gran orador.

Era la mañana de California y la tarde de Nueva York cuando Dean Rusk, secretario de Estado, se aproximó discretamente a Johnson para susurrarle algo al oído. Johnson se volvió a mirarlo y preguntó si estaba seguro. Al escuchar la respuesta puso cara de jugador de póquer y, volviéndose al presidente mexicano, dijo:

—Esta nueva relación de comercio bilateral que usted propone, señor presidente, supongo que no incluye a los embajadores que contrabandean droga a nuestro territorio.

—No comprendo lo que quiere decir —respondió un López Mateos sorprendido después de que la intérprete tradujo el mensaje del presidente de Estados Unidos.

Al rudo Lyndon B. Johnson, a quien tanto incomodaba el protocolo presidencial, le reapareció de pronto su descarnado carácter de ranchero texano, y sintiéndose a sus anchas y con el as en la mano, dijo:

—Lo que quiero decir es que hace unas horas el embajador de México en Bolivia fue arrestado en Nueva York con trescientas cincuenta y cuatro libras de heroína que él y otros dos sujetos contrabandearon desde Francia.

A López Mateos la furia le iba subiendo al rosto; pero se contuvo.

—Señor presidente, tal vez sería mejor que continuáramos nuestra reunión después del almuerzo. Hay temas de importancia para nuestras naciones que están por encima de cualquier hecho y cualquier persona.

—Estoy de acuerdo. Creo que tanto usted como yo tendremos que hacer algunas consultas, ¿no le parece? —respondió Johnson.

Johnson y López Mateos volverían a reunirse siete meses

más tarde, en El Paso, para proceder a la devolución del territorio El Chamizal a México.

Para entonces, el exembajador de México en Bolivia, Salvador Pardo Bolland, el experimentado diplomático que había servido en las misiones de Guatemala, Dominicana, Uruguay, Suecia, Turquía, Canadá, India y Bolivia, había recibido una sentencia de dieciocho años de cárcel, y la Secretaría de Relaciones Exteriores de México había procedido a hacer una limpia del personal sospechoso de haber participado en asuntos ilícitos.

El general Francisco Javier Aguilar González, quien había dejado de ser embajador en Argentina en abril de 1959, jamás regresaría al servicio exterior. Murió en la Ciudad de México el 17 de marzo de 1972 a la edad de setenta y nueve años, sin haber desempacado el baúl que contenía parte de los archivos de la Embajada de México en Vichy y tres cajas de cartón de color marrón, verde y beige que contenían materiales fotográficos.

Gilberto Bosques, quien después de ser cónsul general de México en Francia y encargado de la Embajada de México en Vichy, fue embajador de México en Portugal, Finlandia y Suecia. Se retiró con honores el 30 de noviembre de 1964, después de ser embajador en Cuba por nueve años.

Durante su estancia en Cuba, y fiel a su costumbre de brindar protección a los perseguidos políticos, en 1955 otorgó visados de asilo en México para los asaltantes del cuartel de Mocada, encabezados por Fidel Castro.

Cuando los revolucionarios volvieron a Cuba y derrotaron al ejército de Fulgencio Batista, Bosques se convirtió en mentor de Castro en asuntos de política exterior y lo asesoró durante la Crisis de los Misiles, de 1962.

Gilberto Bosques murió el 4 de abril de 1995, unos días antes de cumplir ciento tres años.

Capítulo 20

Y por las viejas calles de este París de Francia
una sombra buscamos semejante a la tuya…

RENATO LEDUC

En 1982 Chiqui Weisz escuchó rumores que afirmaban que los negativos perdidos de Robert Capa estaban en México. La primera vez que oyó hablar de ello pensó que quienes propalaban los rumores no sabían quién era él ni qué papel había desempeñado en la cobertura periodística de la Guerra Civil de España. Decidió no darle importancia y olvidó el asunto. Pero días más tarde otro colega le aseguró que los negativos podrían verse en una exposición que sería inaugurada al día siguiente.

Picado por la curiosidad, Chiqui decidió visitar la exposición y, como sospechaba, no se trataba de los archivos de Capa, sino del trabajo que los fotógrafos de la agencia Hermanos Mayo habían captado antes, durante y después de la Guerra Civil Española, sobre todo en 1939 a bordo del *Sinaia*, donde con *Chim* Seymour documentaron el éxodo de los republicanos a México.

El material de Hermanos Mayo era excelente, pero a pesar de que se trataba de un testimonio gráfico de gran valor histórico, no era lo que Chiqui había rescatado del número 37 de la parisina rue Froidevaux… y perdido en Marsella.

Decepcionado, abordó el tranvía de regreso a casa. Durante el viaje se distrajo mientras elucubraba sobre el posible destino de los negativos. Cuando reaccionó, había dejado atrás la esquina en la que acostumbraba bajarse y tuvo que esperar a la próxima parada, ubicada a sólo cien metros de la calle de Ámsterdam. Al descender del tranvía, caminó en dirección contraria y se dirigió a su casa.

El 23 de agosto de 1990 murió la viuda del general Francisco Javier Aguilar González. Poco tiempo después su hija mayor, Graciela Aguilar, a quienes todos llamaban Grace, decidió desocupar la casa paterna de la calle de Ámsterdam de la Ciudad de México. En el proceso de empacar encontró varias cajas que contenían documentos y otros objetos que formaban parte del archivo privado de su padre. Decidió conservarlos.

Cinco años más tarde Grace cayó enferma. Durante su padecimiento recibía la visita cotidiana de Ángeles Sañudo de Tarver, amiga de juventud y a quien quería como a una hermana. Grace y Ángeles habían coincidido en Texas, en donde Grace vivía con su esposo, el entonces teniente de aviación Radamés Gaxiola Andrade —que hacía estudios de especialización en la base aérea de Randolph Field—, y Ángeles, prima hermana del piloto y amiga de Grace, estudiaba en el colegio de las hermanas del Verbo Encarnado de San Antonio.

Un día, Ángeles supo que la salud de su amiga Grace había empeorado y pidió a su hijo, el cineasta Benjamín Tarver, que la acompañara a visitarla. Una vez en casa de los Aguilar, Grace dijo a su hija Malu que abriera el armario que se encontraba al fondo de la habitación y sacara una bolsa que contenía tres pequeñas cajas. Cuando la tuvo en sus manos pidió a Ben Tarver que se acercara y le entregó la bolsa.

Tarver abrió la bolsa, extrajo las cajas y revisó el contenido. Su ojo experto en el manejo del film le indicó que se trataba de película de nitrato. Por su aspecto parecía bastante antigua. Al tomar un sobre al azar y observar las identificaciones manuscritas en francés, leyó «Spagne-1938». Inmediatamente comprendió que eran imágenes de la Guerra Civil Española.

Sorprendido por lo que Grace le entregaba, se volvió hacia ella:

—Estos son negativos de la Guerra Civil de España...

—Son para ti. Haz lo que quieras con ellos —respondió Grace.

—Pero esto forma parte del legado de tu padre... ¿Cuál era su nombre? Yo solamente lo conocí como Pancho.

—General Francisco Javier Aguilar González. Ese era su nombre —respondió Grace.

Tarver pasó los días siguientes revisando el material que había recibido y comenzó a preguntarse sobre qué hacer con el contenido de las tres pequeñas cajas.

En febrero de 1995 se presentó en la Ciudad de México la exposición fotográfica del fotoperiodista holandés Carel Blazer. Benjamín Tarver estuvo entre quienes acudieron a verla. Al comparar los materiales de Blazer con los que había recibido de Grace Aguilar, comprendió que tenía un tesoro histórico en sus manos. Decidió buscar una opinión experta para que le aconsejara qué hacer al respecto.

Envió una carta al profesor Jerald R. Green, experto en fotografía del Queens College de Nueva York, y le contó que había recibido de un familiar más de cuatro mil negativos clasificados e identificados sobre la Guerra Civil de España, y requería su consejo para convertirlo en un archivo accesible al público y a estudiosos de ese proceso histórico.

El profesor Green resultó ser amigo de Cornell Capa. Entusiasmado por la posibilidad de que se tratara de los archivos perdidos de Robert Capa, lo llamó para informarle sobre la carta de Tarver, pero la primera reacción de Cornell fue de escepticismo. Era la enésima ocasión en la que alguien decía tener material original de su hermano Robert, y México era uno de los últimos lugares del mundo donde podrían estar los negativos extraviados, pues de haber sido así Imre Weisz lo sabría, según pensaba.

Cornell recordó entonces que, en 1970, el investigador español Carlos Serrano trabajaba en los Archives Nationales de París, y mientras revisaba unos expedientes había encontrado ocho cuadernos de contactos fotográficos de Capa, Taro y Seymour, con fotos tomadas en España entre 1936 y 1939. Los cuadernos fueron recuperados poco más tarde por el International Center of Photography (ICP).

También recordó que en 1979 Bernard Matussière, un fotógrafo que para entonces ocupaba el *atelier* del número 37 de la rue Froidevaux, había encontrado en un desván noventa y siete negativos y un cuaderno con contactos fotográficos del trabajo que Robert Capa había realizado en China en 1938. La historia de ese material era de lo más extraña, pues Matussière había heredado el *atelier* de su exjefe Émile Muller, a quien Imre Weisz había pedido que se hiciera cargo del estudio al abandonar París en 1940. Como en el caso anterior, el hallazgo de Matussière también fue recuperado por el IPC.

Y además estaba el caso de noventa y siete fotografías de la Guerra Civil de España que aparecieron en 1979 en los archivos del Ministerio de Asuntos Exteriores de Suecia, dentro de una caja de documentos que pertenecieron a Juan Negrín, que habían sido depositadas en la legación sueca en Vichy hacia 1942 y contenían copias de fotos de Capa, Taro, Seymour y Fred Stein.

Cornell recordó todo aquello y se preguntó si debía intentarlo una vez más. Decidió hacerlo y estableció contacto con Benjamín Tarver, a quien le hizo ver la conveniencia de que donara los negativos al International Center of Photography, donde el material sería analizado, clasificado, curado y expuesto al público.

Tarver, sin embargo, tenía algunas dudas al respecto, pues aunque Grace Aguilar le había autorizado a hacer lo que quisiera con los negativos, el material había aparecido en México, y temía que al cederlos a una institución extranjera que los sacaría del país para llevarlos a Estados Unidos, se podía meter en problemas legales con las autoridades mexicanas, que eran sumamente celosas respecto de lo que consideraban su patrimonio cultural.

Tarver tampoco estaba seguro de que el ICP fuera el heredero legal de los derechos de autor sobre aquellos negativos. Conocía lo suficiente de fotografía como para saber que no todo el contenido de las tres cajas era obra de Robert Capa, y la cesión a un hermano de este podría alentar reclamaciones de los familiares de Taro, Seymour y Stein.

Decidió tomarse un tiempo para estudiar la situación y, mientras pasaban los meses, puso oídos sordos a las apremiantes solicitudes del ICP. Inclusive rehusó entrar en tratos económicos, pues consideraba que aquello no era cuestión de dinero, sino de principios.

Ante todo sentía que tenía que hallar la respuesta a una pregunta que le mortificaba: ¿debía o no entregar a un grupo extranjero un testimonio con el que los mexicanos estaban cultural e históricamente ligados?

Al inicio del nuevo milenio Chiqui Weisz estaba próximo a cumplir noventa años. Cuando era un niño nunca llegó a imaginar que el huérfano número 105 del hospicio de Budapest viviría tanto tiempo. Cuando se encontraba en el campo de prisioneros de Marruecos la desesperanza lo atacó una vez más, y al dar todo por perdido había vivido cada día como si fuera el último. Pero cuando llegó a México, en 1943, se abrió ante él una nueva y esperanzadora expectativa. Al principio pensó en quedarse pocas semanas y emigrar más tarde a Estados Unidos. Sin embargo había acumulado casi sesenta años en su nueva patria. El tiempo se le había ido sin apenas darse cuenta, y mientras Leonora era cada año más famosa y se hallaba constantemente ocupada con la creación de sus obras, la publicación de sus libros y la inauguración de sus exposiciones, él era cada vez más mínimo.

Estaba enfermo, solo y cansado. Pero aún faltaba lo peor. El 10 de octubre de ese año murió Kati Horna —Katherine Deutsch— su antigua amiga de la juventud en Budapest, su colega de París y Madrid, su interlocutora de México, su confidente.

Con Kati también perdió su último nexo con Hungría y su lengua natal. Con ella, con Eva Marianna Besnyö y Endre Friedmann se había iniciado, casi setenta años antes, en el arte de la fotografía. Todos ellos habían nacido en el tercer lustro del siglo que terminaba, y todos estaban muriendo lejos del suelo natal. Bandi, volado por una mina que le arrancó una pierna en Indochina; Kati en México; Besnyö, a quien había dejado de ver hacía más de sesenta y cinco años, seguía viviendo en Holanda, según sabía. Y él, viejo, achacoso y casi ciego, sobrevivía en la casa de la calle de Chihuahua de la Ciudad de México.

Eva, Kati, Bandi y Cziki, los cuatro jóvenes fotógrafos que un día se lanzaron a la vida con el afán de superar lo que habían hecho los legendarios Moholy-Nagy, Brassaï, Kertész, Munkácsi y József Pécsi, aquellos grandes maestros de la fotografía en cuya obra se había inspirado Bandi para decir que no bastaba con ser buen fotógrafo, sino que además había que ser húngaro, todos estaban muertos o, como él, muriendo. Y a veces preguntándose en dónde habrían quedado los archivos que una vez, sesenta años antes, había rescatado del número 37 de la rue Froidevaux.

En 2003 el ICP volvió a intentar el rescate de lo que comenzaron a llamar la Maleta Mexicana. Richard Whelan, principal biógrafo de Capa, y Brian Wallis, jefe conservador del ICP, tenían en proyecto preparar una exposición sobre la obra de Gerda Taro y deseaban recuperar los negativos a toda costa. De acuerdo a la versión de Anna Winan, asistente de Cornell Capa, en 2004 ofrecieron a Ben Tarver veinticinco mil dólares a cambio de que entregara los negativos, pero Tarver rehusó, nuevamente.

La exposición estaba planeada para tener lugar en la sede del ICP a principios de 2007. Pero ese resultó un año trágico en muchos sentidos.

El 16 de enero de 2007, a la edad de noventa y cinco años, víctima de una enfermedad renal, murió en la Ciudad de México Imre Weisz. Con él se perdió el último eslabón viviente en relación a la Maleta Mexicana.

El suceso no desalentó a Brian Wallis, el jefe curador del International Center of Photography, ni a Phil Block, quienes decidieron seguir adelante con el proyecto de presentar la exhibición de Taro.

Wallis recordó entonces que Trisha Ziff, cineasta y colaboradora del ICP vivía en la Ciudad de México. La llamó y pidió que intentara llegar a un acuerdo con Benjamín Tarver.

El primer encuentro entre Tarver y Ziff se llevó a cabo en mayo de 2007. Ziff supo que estaba sobre la pista de los negativos perdidos cuando Tarver le mostró una foto inédita de Gerda Taro y comentó que proyectaba filmar una película sobre la historia de los negativos y cómo habían llegado a México.

Convinieron en verse unos días más tarde, pero la reunión terminó sin resultados positivos porque Tarver seguía resistiéndose a dar acceso directo a los negativos, y no fue sino hasta la tercera junta de trabajo, celebrada a principios de junio, cuando Trisha Ziff tuvo en sus manos una impresión de fotos que Tarver había hecho directamente de los originales.

Con la evidencia frente a sus ojos, Ziff confirmó que, en efecto, lo que Tarver tenía en su poder equivalía al Santo Grial de la obra de Robert Capa, Gerda Taro y David Seymour. Sin embargo, una vez más Tarver rehusó hacer entrega de las copias fotográficas impresas y únicamente permitió que Ziff las fotocopiara en su presencia.

Terminada la reunión, Ziff digitalizó las fotocopias y las envió por internet al ICP en Nueva York para que Richard Whelan las analizara y diera su diagnóstico final.

Pero el destino quiso que Whelan, el principal experto en la obra de Robert Capa, muriera a los pocos días. A Ziff no le quedó otro camino que hacer su propio peritaje al comparar las fotocopias que Tarver había entregado con las fotos publicadas en 2001 en el libro de Whelan, *Robert Capa: The Definitive Collection*.

Ziff respiró aliviada: las fotocopias de Tarver no se encontraban entre las más de mil imágenes publicadas en el libro de Whelan.

La Maleta Mexicana existía y tras sesenta y siete años y una historia rocambolesca, por increíble que pareciera por fin habían dado con ella. Después de todo, la Maleta no era el único objeto perdido durante la guerra para ir a dar posteriormente a México. El 12 de julio de 1936 el poeta Federico García Lorca había hecho una visita inesperada al madrileño despacho del escritor y editor José Bergamín, quien en ese momento se encontraba ausente. Al no encontrarlo, García Lorca había dejado el original de su obra *Poeta en Nueva York* para que fuera publicado por Ediciones del Árbol, que Bergamín dirigía, y una nota que decía: «He estado a verte y creo que volveré mañana».

García Lorca viajó a Granada unos días más tarde, donde después sería arrestado y asesinado el 19 de agosto. Bergamín, se asiló en Francia al terminar la guerra, y más tarde en México, en donde fundó la editorial Séneca, que publicó *Poeta en Nueva York* en 1940. Tras la publicación, Bergamín regaló el original de la obra a Jesús de Ussía y Oteyza, su socio en Editorial Séneca, quien al dejar México años más tarde, lo dejó a cargo de su primo Ernesto de Oteyza.

Al morir De Oteyza, su viuda regaló el original a la actriz hispano-mexicana Manola Saavedra, quien, apasionada de la poesía lorquiana, lo conservó entre sus posesiones personales hasta 2003, cuando lo sacó a subasta, y el original fue finalmente adquirido por la fundación española encargada del legado de Federico García Lorca.

Transcurrieron sesenta y siete años desde aquel 12 de julio de 1936, cuando Federico acudió al despacho de José Bergamín para acordar con el editor la publicación de *Poeta en Nueva York*, antes de que el original, que pasó por tres países, un océano y cinco propietarios, regresara a su lugar de origen.

Así que no era un caso único que la Maleta Mexicana hubiera pasado por una aventura similar. Después de todo, durante la guerra los objetos, las amistades y la vida misma se perdían con letal constancia.

Sin embargo, aún faltaba que Trisha Ziff convenciera a Tarver para que cediera el contenido de la Maleta Mexicana al ICP.

Durante la última negociación llegaron al siguiente acuerdo: Ziff dirigiría un largometraje en el que contaría la historia de la Maleta Mexicana. Benjamín Tarver sería productor ejecutivo y, a cambio de ello, el ICP se comprometía a apoyar el proyecto, curar el material, clasificarlo y montar una gran exhibición en Nueva York y otras ciudades.

El 15 de diciembre de 2007 el acuerdo quedó cerrado. Después de consultar con los familiares del general Francisco Javier Aguilar González, Tarver entregó el material y Trisha Ziff voló de inmediato a Nueva York.

El 19 de diciembre depositó la Maleta Mexicana en el International Center of Photography. Cynthia Young, conservadora adjunta del archivo Robert y Cornell Capa estaba tan embelesada con el tesoro recibido que pronunció una frase absurda:

—Los negativos perdidos volvieron finalmente a casa —dijo.

¿A casa? ¿A casa de quién?

El International Center of Photography nunca fue la casa de Robert Capa, Gerda Taro, David Seymour, Fred Stein o Imre Weisz. La ciudad de Nueva York jamás fue refugio ni santuario para los republicanos españoles. Estados Unidos nunca rompió relaciones con el gobierno de Francisco Franco. Por el contrario, lo auspició con acuerdos económicos y arrendamiento de bases militares.

Así que, ¿a casa de quién había llegado la Maleta Mexicana?

En México, en donde había permanecido de 1942 a 2007, la Maleta había sido una asilada más de la Guerra Civil Española que, como tantas otras, tenía una historia que contar a las generaciones futuras.

Para Pedro Meyer, fundador y presidente del Consejo Mexicano de la Fotografía, excelente fotógrafo nacido en Madrid en 1935 y emigrado a México, la entrega de la Maleta Mexicana al ICP fue un proceso más de despojo cultural similar al que entre 1801 y 1805 había realizado lord Elgin al robar los mármoles del Partenón para llevarlos al Museo Británico de Londres.

Se trataba, pues, del viejo y perverso espíritu de colonialismo capitalista que saca provecho de una circunstancia trágica de la historia para saciar sus afanes culturales mediante la extracción de lo que no le pertenece.

Así que, ¿a casa de quién había llegado la Maleta Mexicana?

Un grupo de expertos del ICP se volcó entusiasmado sobre los materiales entregados por Trisha Ziff. Los peritos y curadores —muchos de ellos jóvenes pertenecientes a la generación de la fotografía digital—, quedaron maravillados tanto por lo ingenioso del empaque de las tres pequeñas bomboneras habilitadas como portanegativos como por el estado de conservación de la película de nitrato y la meticulosa clasificación que había hecho Imre Weisz casi setenta años antes, en la penumbra del laboratorio del número 37 de la rue Froidevaux.

—Fue como volver a descubrir la tumba de Tutankamón —dijo un entusiasmado Brian Wallis.

Y se podría añadir: «Para volver a saquearla».

El siguiente hallazgo de los expertos fue menos halagador, pues entre el valioso contenido de cuatro mil quinientas tomas no se encontró el negativo original de la célebre foto *Muerte de un miliciano*, la más famosa de las fotografías que Robert Capa captó a lo largo de su vida. Pero en medio de tanto entusiasmo aquello pareció un problema menor.

No era tan menor. La búsqueda de la Maleta Mexicana se había iniciado en 1975 tras la aparición de un libro del historiador británico Phillip Knightley, quien calificó la foto *Muerte de un miliciano* como falsa o posada, y Cornell esperaba que entre los negativos rescatados estuviera el que zanjara para siempre la polémica que había desatado Knightley al cuestionar la honestidad profesional de Robert Capa.

Cornell comenzó a preguntarse sobre el destino del negativo faltante. Hasta donde sabía, la Maleta Mexicana había pasado por muy pocas manos después de abandonar el *atelier* del número 37 de la rue Froidevaux.

Pero Cornell tenía un problema: no podía preguntar a Imre Weisz, pues este había muerto en enero de ese año; tampoco podía interrogar al general Francisco Javier Aguilar González, que falleció en 1972. Desconocía la identidad del chileno a quien Weisz había entregado la maleta antes de ser arrestado y enviado a un campo de prisioneros, según constaba en la carta que Chiqui le había enviado en 1975, y tampoco podía preguntar a Gilberto Bosques, muerto en 1995.

Así que sólo quedaban Benjamín Tarver y Trisha Ziff.

Quienes sostenían que la foto era posada pensaron que también podía haber sucedido que el negativo original de *Muerte de un miliciano*, captada la tarde del 5 de septiembre de 1936 en el Cerro Muriano —o en la municipalidad de Espejo, decían otros— de la provincia de Córdoba, y publicada por primera vez el 23 de septiembre de ese año en el número 447 de la revista francesa *Vu*, en efecto estuviera entre los materiales entregados por Ben Tarver a Trisha Ziff, y que alguien la habría ocultado para mantener viva la polémica y alimentar con ello la leyenda de Robert Capa.

En todo caso, Cornell no tuvo tiempo de preguntar ni de responder a nadie más. Murió por causas naturales el 23 de mayo de 2008, a los noventa años de edad.

El 25 de mayo de 2011, murió en la Ciudad de México Leonora Carrington. Tenía noventa y cuatro años. Por su talento y longevidad, Leonora se había convertido en una celebridad internacional, artista mítica y eslabón viviente, acaso el único que quedaba, con el movimiento surrealista.

En una de sus últimas apariciones, en 2010, se le vio al lado de su hijo Gabriel Weisz, mientras las cámaras de Trisha Ziff filmaban el documental sobre la Maleta Mexicana.

En la toma, que duraba cuarenta y ocho segundos, Leonora atestiguaba la declaración de su hijo Gabriel sin pronunciar una sola palabra, tal vez porque jamás escuchó hablar de la Maleta Mexicana, a pesar de haber vivido sesenta y dos años con Imre Weisz.

Capítulo 21

Llanto que derramaste, amargo llanto,
ira, dolor, remordimiento, espanto...
Lo que perdiste no era para tanto.

RENATO LEDUC

A principios de septiembre de 2010, David Bird, propietario de una de las principales joyerías de la calle 47 de Nueva York y conocido coleccionista de arte y fotografías antiguas, recibió del International Center of Photography una invitación para que asistiera a un evento exclusivo, reservado para los benefactores del ICP, personalidades del mundo del arte y los medios de comunicación.

Los anónimos donativos que Bird hacía anualmente al ICP le daban derecho a estar presente en las *premier* de todas las exposiciones del Instituto, y en particular en esa, largamente esperada por los conocedores desde dos años antes, que había sido bautizada como *The Mexican Suitcase* y era considerada por los críticos como el mayor evento fotográfico del año.

La invitación iba acompañada de una reseña que hacía elocuentes elogios a la vida y obra de «*the dashing Capa, the studious Chim, and the intrepid Taro*», y al final de la misma decía que la exposición había sido organizada por la asistente curadora del ICP, Cynthia Young, y que para los asistentes habría disponibles dos volúmenes ilustrados con copias fotográficas de los negativos recuperados.

En la reseña no había una sola mención de Imre Weisz, Francisco Javier Aguilar González o Benjamín Tarver. Ni una palabra de agradecimiento a quienes habían cuidado y hecho posible que la Maleta Mexicana —como había escrito Cynthia Young— «volviera finalmente a casa». Pareciera como si la Maleta Mexicana, extraviada desde el verano de 1940 en Francia, hubiese reaparecido mágicamente en Nueva York sesenta y siete años más tarde.

David Bird en realidad no se llamaba así. Su nombre real era David Lieberman. El apellido Bird lo había adoptado en 1962, después de causar baja en la Legión Extranjera y emigrar a Estados Unidos bajo el nombre de Marcel Vogel, que cambió al llegar por el de David Bird. Después de todo, *Vogel* —«Ave», en alemán— y *Bird* —«Ave», en inglés—, eran lo mismo. Y esta era su historia:

Durante el otoño de 1941 Estados Unidos se preparaba para ir a la guerra y Henry Luce, propietario de la publicación *Time-Life*, decidió que si su país iba a la guerra, sus revistas también irían.

Como adelanto de lo que vendría dos meses más tarde, ordenó reducir actividades en Europa continental y la oficina de *Life* en París recortó personal. Justo a tiempo. El 11 de diciembre de ese año, sólo cuatro días después del ataque japonés a Pearl Harbor, Hitler declaró la guerra a Estados Unidos y las operaciones de *Life* en Europa se concentraron en Inglaterra y algunas de las naciones neutrales.

Entre los empleados despedidos por *Life* antes del cierre de sus oficinas en París se contaba el joven aprendiz de fotografía y mensajero David Lieberman.

Lieberman había nacido en Bruselas en diciembre de 1924. Pertenecía a una de las ramas menos afortunadas del clan de los Bauer de Fráncfort, por lo que estaba directamente emparentado con Mayer Amschel, fundador de la dinastía de los Rothschild. David era hijo único de una pareja judía formada por un comerciante de joyas y una fotógrafa. A principios de 1940 y ante la eminencia de la guerra europea, sus padres lo habían enviado a París al cuidado de un tío que se dedicaba al comercio internacional de metales preciosos.

Lieberman era de estatura regular, ágil como una ardilla pero fuerte, aparentaba mayor edad de la que tenía y en su mente despierta se alojaban dos pasiones: su amor por la fotografía, heredado de su madre, y sus conocimientos sobre joyería, adquiridos de su padre desde su niñez, y que perfeccionaba en París al amparo de su tío.

En mayo de ese año, ante la persecución nazi y la crisis del comercio internacional de metales creada por la guerra europea, el tío decidió cerrar el negocio y emigró con su familia a Estados Unidos. Insistió reiteradamente para que el sobrino David los acompañara, pero el joven Lieberman prefirió quedarse y esperar la ocasión propicia para volver a reunirse con sus padres.

Después de la caída de Bélgica supo que, al igual que muchos judíos de Amberes, sus padres habían sido arrestados durante los primeros días de la invasión nazi y llevados a hacer trabajo forzado en algún lugar de Alemania.

Mientras esperaba noticias sobre su paradero, consiguió un empleo en la oficina de *Time-Life* en París, donde se sintió a sus anchas atraído por su pasión: la fotografía.

Cada vez que podía encargaba a los corresponsales de la revista que viajaban a Alemania que hicieran lo posible por obtener alguna información sobre el paradero de sus padres. A principios de 1941 recibió noticias de que ambos estaban vivos y hacían trabajo forzado en una fábrica de instrumentos de precisión situada en el valle del Ruhr. Pero durante el verano de ese año supo que habían sido enviados a un campo de concentración en Polonia. Y no volvió a saber de ellos porque en noviembre de 1941 *Time-Life* cerró la oficina de París y se quedó sin empleo, sin contactos y sin información.

Sobrevivió tres meses con sus ahorros, pero cuando estos se agotaron, hambriento y desalentado, se sumó a una banda de granujas que se especializaba en desvalijar las residencias abandonadas por los ricos de la ciudad que habían huido de la guerra.

Sus habilidades resultaron sumamente valiosas para la banda, pues tenía contactos entre los joyeros de París, a quienes vendía los objetos robados. Varias veces estuvo a punto de caer en manos de la policía, pero escapó al sacar provecho de sus pasadas correrías como mensajero, pues conocía los barrios, callejones y atajos de París mejor que nadie.

Para julio de 1942, cuando la policía de Vichy desató la redada del Velódromo de Invierno contra los judíos de París, Lieberman ya tenía un expediente policiaco cuyo grosor alcanzaba un par de centímetros y figuraba entre la lista de los más buscados, acusado de robo, de ser correo de la Resistencia y, por supuesto, de ser judío.

Con esos cargos en su contra su destino no podía ser otro que un campo de concentración, pero una vez más logró evadir su captura ocultándose en sótanos y buhardillas cuando la persecución arreciaba.

Una tarde de agosto de 1942, después de recorrer las guaridas que frecuentaba para pasar la noche, descubrió que todas estaban vigiladas por la policía. Entonces recordó que casi dos años antes, cuando aún trabajaba para *Life*, había entregado un mensaje urgente en un edificio de apartamentos situado frente al cementerio de Montparnasse. Ese día, Lieberman había estado de guardia como ayudante de télex de la oficina de *Life* y, si su memoria no fallaba, el mensaje ordenaba a su destinatario que abandonara el lugar y saliera de ahí lo antes posible.

No recordaba el número del edificio, pero estuvo seguro de reconocerlo en cuanto lo viera. Decidió dirigirse al lugar y, si tenía suerte, hallaría un sitio para ocultarse y pasar la noche.

Liberman esperó a que el sol se pusiera y en cuanto cayó la noche escaló la tapia del cementerio por el lado este. Ocultándose, cruzó el campo de tumbas hasta alcanzar la confluencia de la rue Emile Richard y rue Froidevaux, justo en la entrada sur al cementerio. Mimetizado contra la penumbra de las enredaderas y la pálida sombra de los castaños, observó durante cinco minutos hasta que reconoció el edificio en el que había entregado el mensaje dos años antes. Cuando estuvo seguro de que no había nadie en los alrededores, cruzó la calle a toda carrera, escaló sin dificultades la verja que daba acceso al sendero de la cochera del edificio, anduvo con sigilo durante unos metros y dobló a la derecha, hacia donde recordaba que estaban las escaleras que conducían a los pisos superiores.

Una vez dentro del edificio, se detuvo a unos metros de la puerta de acceso a la vivienda de la portera. La luz estaba encendida y escuchó algunas voces que venían del interior. Se trataba de una puerta de doble hoja inferior y superior. La parte baja estaba cerrada y sólo permanecía entreabierta la parte de arriba. Liberman cruzó rápidamente frente a la portería y se dirigió hacia las escaleras sin ser visto.

Subió por las escaleras mientras su sentido de orientación lo dirigía hacia el sitio donde había entregado el mensaje dos años antes. Llamó a la puerta para cerciorarse de que no había nadie en el apartamento y esperó durante un par de minutos mientras revisaba la cerradura. Cuando estuvo seguro de que no había nadie en el interior, sacó una navaja de bolsillo, botó los cerrojos y entró.

De inmediato un olor a moho le indicó que el apartamento había estado cerrado durante algún tiempo. Los escasos muebles estaban cubiertos con mantas y sobre una mesa encontró un montón de periódicos. Tomó uno y se aproximó al haz de luz que provenía del exterior. Revisó la fecha. Se trataba de una edición de *Regards* de 1939. Confirmó que nadie había estado ahí recientemente.

Más tranquilo, recorrió el apartamento para familiarizarse con su distribución. Cuando llegó a lo que le pareció un laboratorio fotográfico, se detuvo a esperar que sus ojos se acostumbraran a la total oscuridad. A tientas, fue reconociendo los objetos que ahí se encontraban. En eso la navaja de bolsillo se le escapó de la mano y golpeó contra un objeto metálico. Permaneció en estado de alerta, esperando escuchar ruidos en las escaleras por si necesitaba huir de ahí a toda prisa.

Transcurrido un tiempo, inició la búsqueda de su navaja. Recorrió a tientas con ambas manos lo que le pareció una mesa de trabajo. La navaja no estaba ahí. Se colocó de hinojos y buscó en el suelo. Nada. Extendió ambos brazos hacia la derecha hasta tocar el rincón de la habitación, deslizó las manos hacia el suelo y se encontró con el objeto metálico que había golpeado. Se trataba de una especie de palangana de peltre. Estaba cubierta de polvo y telarañas. Continuó buscando en la oscuridad y sus dedos dieron con un pequeño objeto plástico con la forma de una tira como de mica. Movió la mano derecha un poco más allá y, por fin recuperó la navaja extraviada.

Mientras se incorporaba, recordó la pequeña tira de plástico. Se inclinó nuevamente para recogerla, la guardó en la mochila que llevaba a la espalda para revisarla más tarde y salió del laboratorio.

Buscó algo que comer pero en la cocina del apartamento sólo encontró un paquete de galletas y una botella de vino semivacía. Olió el vino antes de probarlo. Estaba agrio. Dio un mordisco a una de las galletas y escupió con desagrado. Estaba rancia.

Se resignó a pasar la noche echado sobre un sillón de la estancia y sin haber probado bocado desde la mañana de ese día.

Despertó en la madrugada con dolor de cabeza y hambre canina. Decidió esperar a que amaneciera para dejar el apartamento y buscar alimento.

Escapó por la azotea, deslizándose por los bajantes de la tubería pluvial. Una vez en la calle, recordó que a poca distancia de ahí, en la plaza Denfert-Rochereau, estaba la entrada a las catacumbas, donde en 1800 habían sido depositadas las osamentas de los que ya no cabían en los cementerios de París, y conectando con ellas, por un túnel que pocos conocían, las cloacas de la ciudad, donde se refugiaban los perseguidos y los que hacían resistencia a los nazis, de quienes necesitaba algunos favores en pago a los servicios que había prestado como correo.

Se dirigió hacia allá, rodeó el edificio de acceso, botó el seguro de una ventana que daba al jardín posterior e ingresó al complejo subterráneo.

Dos meses más tarde, con ayuda de la Resistencia e identidad falsa, David Lieberman se presentó voluntario en el cuartel general de la Legión Extranjera en Argelia.

En la oficina de reclutamiento de Sidi Bel Abbès no hacían demasiadas preguntas. La identidad y nacionalidad declarada por el aspirante era la que el aspirante decía que era. Lieberman dijo llamarse Marcel Vogel, de nacionalidad belga.

Tampoco importaba el estado civil, pues para la Legión todos eran solteros... aunque fueran casados. No importaba la religión, porque a partir del ingreso aprenderían a creer únicamente en lo que ordenaba el instructor y, ya admitidos, el sargento primero. Y en cuanto a la edad, la Legión no admitía a menores de diecisiete años, pero le importaba poco si alguien decidía aumentársela.

En pocas palabras, la Legión era el único lugar en el mundo en el que creían a los mentirosos, a los rufianes y los aventureros. Así había sido desde su fundación en 1831, y ciento diez años más tarde no tenía por qué ser de otra manera. Después de todo, los legionarios eran el tipo de soldado del que se podía prescindir o sacrificar por cualquier causa... y aun sin causa. Por eso admitían reclutas de todas las nacionalidades, excepto franceses. Para los franceses estaban reservados los puestos de oficiales.

Vogel —es decir Lieberman— fue admitido.

Durante los primeros diez meses sólo tendría derecho a alojamiento y comida. Lo equiparon con tres juegos de uniforme, ropa interior y botas de campaña. Entregó sus documentos y mochila con todas sus pertenencias personales. A partir de ese momento y durante los próximos cinco años su futuro le pertenecía a la Legión.

En octubre de 1942 fue destinado a lo que se conocía como «sudar la nuca», asándose en una guarnición en mitad del desierto argelino. No duró ahí demasiado tiempo. El 8 de noviembre inició la Operación Torch y los Aliados desembarcaron setenta mil hombres en Argelia, Túnez y Marruecos. La Francia de Vichy contaba con casi cien mil efectivos, entre ellos los regimientos de la Legión Extranjera, todos al mando del almirante Darlan. Tras dos días de combates en los que murieron más de tres mil hombres de ambos bandos, Darlan aceptó la oferta del general Eisenhower y se pasó a los Aliados en cuanto Hitler ordenó la invasión del sur de Francia.

Vogel permaneció en la Legión hasta el fin de la guerra, cuando renovó contrato para ser destinado nuevamente a Argelia con grado de cabo primero. En 1953 fue enviado a Indochina con grado de sargento, en donde la Legión se hacía cargo, como siempre, de las misiones más difíciles.

La mañana del 25 de mayo de 1954, cuando la batalla de Dien Bien Phu ya estaba perdida y dieciocho mil soldados franceses hacían esfuerzos desesperados por conservar bajo su dominio el último territorio, el sargento Vogel recibió órdenes de su superior de conseguir un legionario que hiciera de conductor del Jeep que transportaría a tres periodistas estadounidenses durante el patrullaje de esa tarde en la provincia de Nam Dinh, en la peligrosa zona del delta del río Rojo. El trato preferencial a los periodistas había sido ordenado por el mismísimo general René Cogny, el militar frances más influyente en Indochina, quien estaba deseoso de demostrar que pese a la caída de la ciudadela de Dien Bien Phu, la guerra con los vietnamitas aún no estaba perdida.

Vogel recordó su pasada relación con la revista *Life* y quiso saber quiénes eran los periodistas. John Mecklin, Jim Lucas y Robert Capa, le respondieron. De los tres, sólo reconoció el nombre de Capa.

Cuando el legionario que conduciría el Jeep estuvo ante su presencia, le ordenó:

—La zona del delta no es lugar para paseos. Que los periodistas avancen sólo después de que nosotros lo hayamos hecho. ¿Entendido?

Antes de las tres de la tarde, y después de que el convoy había resistido varios ataques de mortero en los que hubo cuatro muertos y seis heridos, llegaron a la bifurcación del camino que habían estado siguiendo durante los últimos quince minutos. Del lado derecho se alzaba el talud de un sendero; hacia la izquierda, el talud descendía suavemente hasta terminar en un arrozal. Entre el talud del sendero y el sembradío de arroz había un desnivel de tres metros. Los legionarios, protegidos por dos tanques y encabezados por Vogel, se dirigieron al arrozal y evitaron el paso. Sabían que los guerrilleros del Viet Minh solían colocar minas antipersona en los caminos.

Los tanques habían avanzado unos ciento cincuenta metros cuando Robert Capa bajó del Jeep y tomó una foto desde la retaguardia de la patrulla. La Legión continuó su avance, y Capa decidió dirigirse al sendero de la derecha en busca de un mejor ángulo.

«Si tus fotos no son lo suficientemente buenas, es porque no te acercaste lo suficiente», era su frase predilecta.

Subió por el talud y caminó unos pasos en paralelo a la retaguardia de la patrulla. De pronto se escuchó una explosión.

Los legionarios reaccionaron al unísono lanzándose pecho tierra, en estado de alerta máxima, con la adrenalina a tope y el dedo índice rosando el gatillo de su fusil.

Pasados unos segundos comprendieron que no se trataba de una granada de mortero enemigo, sino de una mina.

Vogel se volvió en dirección a sus hombres y con una rápida mirada los localizó a todos. Entonces advirtió que a su izquierda, sobre el talud del sendero, se alzaba una columna de polvo y humo.

Sabía que ninguno de sus hombres patrullaba por ahí y se preguntó qué habría pasado. De pronto, reaccionó:

«¡Los periodistas!», pensó.

Cuando llegó al sitio de la explosión, encontró a un hombre moribundo. La explosión de la mina le había arrancado la pierna izquierda, tenía una herida en el pecho y la mano izquierda se aferraba a una cámara fotográfica.

Otro de los periodistas llegó corriendo hasta el sitio, llamó por su nombre varias veces al que yacía herido. Fue entonces cuando Vogel supo que se trataba de Robert Capa. Vio cuando reaccionó, cuando movió ligeramente los labios y perdió el sentido.

En el momento en que el paramédico del regimiento por fin llegó a aquel apartado confín del delta del río Rojo, Robert Capa había muerto.

Vogel permaneció en Indochina hasta que finalizaron las negociaciones de paz de Ginebra con la rendición de las tropas francesas. La derrota, primer descalabro militar que imponía una colonia a Francia desde el siglo anterior, fue una humillación para los legionarios.

Aún convaleciente de una herida y con las secuelas de la malaria, regresó al cuartel general de la Legión en Argelia.

En 1955, ya en su tercer contrato con la Legión, se ofreció voluntario para ser transferido al recientemente creado Regimiento de Paracaidistas, donde alcanzó el grado de sargento primero.

Con cuatro guerras y varias citaciones en su historial, estaba por ser promovido al grado de brigada mayor, cuando en abril de 1961 el Regimiento de Paracaidistas, que había combatido a los independentistas argelinos encabezados por Ahmed Ben Bella, se rebeló contra las negociaciones de paz que el gobierno de Charles de Gaulle llevaba a cabo en Evian para dar la independencia a Argelia.

El Regimiento de Paracaidistas fue disuelto por órdenes de París y sus integrantes, dados de baja.

Después de diecinueve años en la Legión, Lieberman sólo recuperó sus ahorros, su vieja mochila con efectos personales, un pago de marcha por seis meses de servicio y la nacionalidad francesa acreditada con un pasaporte a nombre de Marcel Vogel.

Se embarcó con destino a Marsella, en donde se corrió una parranda de varios días en compañía de otros exlegionarios.

Una semana más tarde compró un pasaje de tercera clase con destino a Nueva York.

Durante la travesía tuvo tiempo suficiente para planear su futuro y decidir lo que haría. Una tarde, mientras el barco navegaba sobre un mar calmo, volteó al revés su vieja mochila para ordenar sus objetos personales antes de su arribo a Nueva York. Del interior de la mochila cayó una pequeña tira de algo plástico.

Sorprendido, la tomó por una esquina y observó a contraluz. A juzgar por la indumentaria de los que ahí aparecían se trataba de una escena bélica. Se preguntó cómo había ido a parar ahí. Entonces recordó cuando, veinte años antes, en París, había forzado la puerta de entrada de aquel apartamento de la rue Froidevaux.

También recordó que en ese mismo lugar, tiempo antes, había entregado un mensaje en el que ordenaban a la persona que lo recibió —Weisz... o algo así era su nombre—, que cerrara la oficina y se marchara de ahí cuanto antes.

El mensaje, siguió recordando, lo firmaba Capa, el fotógrafo al que había visto morir en Indochina, en el delta del río Rojo.

Decidió conservar el negativo. Pensó que a su madre le hubiera gustado saber que su hijo sentía por la fotografía la misma pasión que ella le había transmitido.

Capítulo 22

A su llegada a Nueva York, Marcel Vogel cambió su nombre por David Bird. Trabajó durante seis meses en el negocio de su tío. Pero acostumbrado al riesgo y la acción, se aburrió pronto y pensó en independizarse. Decidió arriesgar sus ahorros especulando por su cuenta en el comercio de metales preciosos.

Al principio el nuevo negocio le resultó poco redituable, pero en cuanto aprendió a identificar las claves del asunto comenzó a obtener ganancias considerables. Antes de cumplir los cuarenta ya había ganado su primer millón de dólares. Una década más tarde era multimillonario y socio de los principales joyeros de la calle 47.

Hacia mediados de 1979 el fino radar de Bird detectó movimientos inusuales en el mercado internacional de la plata. Alguien estaba realizando compras salvajes a futuro y el metal se había revalorado de seis a casi nueve dólares la onza.

Olió la posibilidad de llevarse una buena tajada del pastel y convenció a sus socios para que invirtieran en plata, lo que desencadenó un estallido en el mercado pues en cuestión de horas se presentó una oferta de compra de alguien más, que hizo que los precios se dispararan a la estratósfera.

No era la primera vez en su vida que estaba bajo fuego, y Bird no sólo resistió la embestida de los anónimos compradores, sino que convenció a sus socios para que duplicaran la inversión inicial.

Para mediados de marzo de 1980 el precio de la onza de plata había superado los cuarenta dólares, una ganancia del setecientos por ciento respecto de la inversión inicial, y David Bird era el hombre más popular de la calle 47.

Días más tarde, uno de los corredores de Bird llamó para informar que había escuchado decir a un colega que la junta de directores de la empresa de corretaje Halsey Stuart Shields estaba histérica por la exposición financiera contraída con los hermanos Nelson y Herbert Hunt, hijos del multimillonario petrolero texano Haroldson Lafayette Hunt Jr.

Bird hizo algunas llamadas y descubrió que los chicos Hunt eran la fuente de las despiadadas inversiones en plata a futuro y que, para entonces, tenían bajo su control casi un tercio de la producción mundial.

Recordó entonces las conversaciones que de adolescente había escuchado en el negocio de su padre, cuando en reuniones familiares rememoraban los éxitos financieros de sus parientes lejanos, los Rothschild, que con Amschel en Fráncfort, Jackob en París, Nathan en Londres, Salomón en Viena y Carl en Nápoles, habían fundado la Banca Rothschild que controlaba el comercio internacional del oro, la emisión de moneda en más de veinte países y las cotizaciones de bonos de todos los gobiernos europeos.

De los cinco hermanos Rothschild, eran las hazañas de Nathan las que más habían impresionado al joven David. A través de sus tíos se enteró de que en 1812, Nathan, para entonces prominente empresario de la industria textil de Mánchester y próspero especulador bursátil, convenció al gobierno británico para que lo nombraran financista de la campaña del general Wellington en España y Portugal contra el ejército de Napoleón. Nathan había puesto manos a la obra y como las pagas al ejército de Wellington se hacían en metálico, se valió de la información privilegiada que poseía para, junto con sus hermanos, acaparar todo el oro y la plata que pudieron reunir en Europa, con lo que obtuvieron enormes beneficios. Pero eso no había sido todo. Terminada la guerra, Nathan había invertido en bonos del gobierno británico, y cuando Napoleón escapó de la isla de Elba y recuperó el poder en Francia, Nathan fue llamado por el gobierno para que, una vez más, se hiciera cargo del financiamiento de la campaña del duque de Wellington y sus aliados prusianos.

Se suponía que tras los primeros combates de Quatre Bras, en donde no hubo vencedor ni vencido aunque la peor parte la habían sacado los británicos, la de Waterloo iba a ser una batalla más dentro de una campaña militar que duraría varios meses; pero cuando Wellington logró resistir los asaltos de la caballería francesa y destrozó a la infantería a cañonazos, quedó claro que todo había llegado a su fin. Así lo entendió un agente de los Rothschild, quien sin perder tiempo viajó al puerto más cercano e inmediatamente se embarcó con destino a Londres.

La noticia de la derrota de Napoleón la conoció Nathan antes que nadie, incluso antes de que el propio Primer Ministro se enterara, lo que le dio un día de ventaja para maniobrar. Lo primero que hizo fue vender los bonos del gobierno británico que tenía en su poder. La voluminosa operación de venta de bonos hizo sospechar a los especuladores de que Waterloo se había perdido. El precio de los bonos se desplomó. Cuando los bonos tocaron fondo, Nathan inició la recompra a precios irrisorios. Al terminar la jornada se había convertido en el hombre más rico de Europa y principal acreedor del gobierno británico.

David Bird recordó aquello y reflexionó durante varios días antes de decidir el próximo paso: los Hunt eran un bocado demasiado grande para tragar sin antes masticarlos. Decidió buscar aliados, pues en el negocio de la especulación, como en cualquier juego de casino, si había un ganador era porque había muchos perdedores.

Los ganadores con la especulación de plata, además de sus socios de la calle 47, eran los Hunt y las compañías mineras. Los perdedores, en cambio, eran los joyeros que no habían seguido su consejo de comprar cuando el precio aún estaba bajo... pero también la industria. Sobre todo la industria fotográfica, química y farmacéutica, que dependía del bromuro, yoduro y nitrato de plata como cualquier ser vivo del oxígeno.

Revisó el precio de las acciones de las empresas pertenecientes a esos ramos y encontró que sus valores bursátiles se habían desplomado durante los últimos meses a causa del alto costo alcanzado por su principal insumo. Conclusión: había aliados para escoger, pero para evitar filtraciones y rumores que echaran todo a perder, seleccionaría sólo a uno y, si todo resultaba bien, obtendría ganancia por duplicado.

Ordenó que su bufet de abogados sostuviera un discreto contacto con los representantes legales de una de las principales trasnacionales de la industria fotográfica.

La respuesta fue inmediata. Por supuesto que estaban interesados en frenar el alza del precio de la plata. ¿Qué había que hacer?, preguntaron, al mismo tiempo que contrataban a una empresa de detectives privados para que investigara todo lo que pudieran sobre ese tal David Bird, que parecía estar muy bien enterado de lo que pasaba en el mercado de los metales preciosos.

Los detectives de la trasnacional informaron que Bird era un próspero joyero con sólida reputación dentro de la comunidad de la calle 47. El informe de la agencia de investigaciones también aseguraba que era viudo, sin hijos, no bebía ni fumaba ni se le conocía más afición que coleccionar objetos de arte y fotografías antiguas.

Pese a los irreprochables antecedentes de Bird, la junta directiva de la trasnacional fotográfica titubeó. Hubo más consultas, pero finalmente aceptaron el trato a cambio de pagar a Bird una comisión del cinco por ciento de las ganancias que se obtuvieran.

Cerrado el trato, los representantes de Bird aconsejaron a la trasnacional no comprar plata después de que recibieran el aviso de dejar de hacerlo.

Bird eligió la fecha: sería el jueves 27 de marzo de 1980. Los hermanos Hunt sólo tendrían el viernes 28 para reaccionar ante el desplome del precio antes de que el mercado cerrara por el fin de semana. Cuando este reabriera el lunes 31 de marzo, la masacre habría terminado.

El lunes 24 de marzo dio la orden de frenar las compras de plata a futuro. Como esperaba, el efecto de ola creado por la desenfrenada demanda de los últimos meses continuó presionando el precio del metal a la alza y llegó al nuevo récord de 48.70 dólares por onza.

El día siguiente comenzó con una venta mesurada de posiciones que se prolongó a lo largo de la jornada bursátil sin causar alarma. Las principales casas de corretaje interpretaron aquel movimiento como la esperada toma de utilidades de especuladores que operaban a corto plazo.

Bird sabía que con la siguiente jugada debía enviar una señal positiva al mercado, que para entonces se mantenía estable pero expectante, y el miércoles 26 hizo algunas compras matutinas que sirvieran de señuelo.

En cuanto lanzó las primeras ofertas de compra, alguien más se puso a comprar, primero con cierta cautela y después abiertamente. Los Hunt acababan de morder el anzuelo.

Hacia la una de la tarde, Bird dio la orden de vender masivamente a tres dólares por debajo del último precio. Las primeras acciones volaron de las manos de los vendedores a las de los compradores; pero la siguiente colocación, la mayor de todas, tuvo que ser ofrecida a cuarenta dólares... y la que siguió, a treinta y cinco.

Cuando la masacre terminó, el precio de la plata había caído en picada, los hermanos Hunt habían perdido más de mil millones de dólares y la empresa de corretaje Halsey Stuart Shields hacía esfuerzos desesperados para que los Hunt cubrieran las deudas que habían contraído.

Tras ellos aparecieron los agentes investigadores de la Securities and Exchange Commission (SEC), pero para cuando lo hicieron Bird ya había borrado todo rastro que condujera a la calle 47.

Los de la industria fotográfica, por su parte, estaban felices. El valor de sus acciones no sólo se había recuperado, sino que se había disparado y reportaba jugosas utilidades.

Antes de dos semanas, los abogados de la trasnacional se reunieron con los abogados de Bird para liquidar la comisión pactada con un certificado de depósito en la cuenta secreta de Bird en un banco suizo.

La tarde siguiente, un mensajero apareció en la joyería de la calle 47 con un paquete enviado por la junta directiva de la trasnacional a nombre del señor Bird, y una tarjeta con una locución latina: *Abusus non est usus, sed corruptela*.

Bird estuvo de acuerdo. Lo de los Hunt no había sido un abuso, sino avaricia y corrupción.

Abrió el paquete y encontró una hermosa caja de madera de caoba cerrada por un broche de plata, y dentro de ella, entre un lienzo de terciopelo azul, un lingote de diez onzas de plata con un bajorrelieve de apenas un par de milímetros en el que habían montado un cuadro de película negativa de treinta y cinco milímetros protegido por un portanegativo de mica.

Intrigado, echó mano a la navaja de bolsillo que siempre llevaba consigo. Extrajo un pequeño alicate de marfil y, delicadamente, tomó el negativo por uno de sus vértices, lo aproximó a sus ojos y miró contra el resplandor de la lámpara de su escritorio.

Lo que vio lo dejó sorprendido.

Sin dejar de mirar, buscó a tientas con la mano izquierda la lupa de cinco aumentos que utilizaba para cerciorarse de la calidad y el estado de conservación de los originales fotográficos que había ido adquiriendo para engrosar su colección.

Acercó la lupa al negativo para asegurarse de que estaba ante un original.

«Desde épocas del ingeniero Oskar Barnack, inventor de la

cámara Leica, no hay nadie en el mundo que sepa de esto más que yo», pensó.

Lo primero que hizo fue asegurarse de que las medidas eran las correctas: El negativo debía medir 34 por 36 milímetros. Después de comprobar, concluyó que eso era exactamente lo que media.

Contó las perforaciones. Debían ser ocho por cada cuadro y estar separadas 4.5 milímetros una de la otra.

¡Todo empezaba a coincidir!

Se trataba de una película cinematográfica en blanco y negro de treinta y seis exposiciones que requería ser recargada manualmente en las cámaras fotográficas inventadas por Barnack. Había sido usada por los fotógrafos de los veinte a los cincuenta, antes de que la industria lanzara al comercio los rollos de película precargada en chasises metálicos, y el medio formato con cuatro perforaciones por exposición en lugar de ocho.

«Hasta aquí vamos bien», se dijo.

Pero aún faltaba la prueba concluyente. La única que aseguraría que en aquel pequeño fragmento de film antiguo había algo que valía mil veces más que el lingote de plata en el que estaba montado.

La escena era un contrapicado captada con una lente angular de treinta y cinco milímetros… o tal vez un teleobjetivo de cincuenta. En eso aún no se ponían de acuerdo los expertos. Pero la única manera de saber si ese negativo era el epítome del fotoperiodismo de la primera mitad del siglo XX largamente desaparecido, consistía en situarlo junto a los otros cuadros de la secuencia perteneciente al mismo rollo y, hasta donde se sabía, la mayoría de esos también estaban perdidos. Excepto uno, que él había recogido una noche de agosto de 1942 en el laboratorio del apartamento de la rue Froidevaux.

Se dirigió a la caja fuerte, desconectó la alarma, la abrió y extrajo una caja grande de fina madera. En su interior, con temperatura y humedad regulada, insertados en una especie de peine forrado delicadamente de paño, se encontraban los tesoros fotográficos que había ido coleccionando desde 1965.

Ahí estaba una de las dos impresiones originales que existían de *The Pound-Moonlight*, tomada por Edward Steichen en 1904, cuyo valor rondaba los tres millones de dólares. Ahí también estaba una de las tres copias conocidas de *Nude*, de Edward Weston, tomada en 1925, valuada en un millón seiscientos mil dólares. Por supuesto estaba *Georgia O'Keeffe Hands*, tomada en 1919 por Alfred Stieglitz, tan valiosa como la anterior. Y en la colección no faltaban *Nautilus*, de Weston, tomada en 1927, ni lo que Bird consideraba su joya de la corona hasta entonces: *Athènes, Temple de Jupiter*, captada por Joseph-Philibert Girault de Prangey, un hermoso daguerrotipo de 1842 perfectamente conservado pese a haber estado perdido durante treinta y seis años. El mismo Howard Greenberg, reconocido en todo el mundo como el mejor *marchant* del arte fotográfico, hubiera dado lo que fuese con tal de poder exhibir cualquiera de aquellas piezas en su galería del Edificio Fuller de Nueva York.

Pero lo que había recibido esa tarde podría ser algo mucho más valioso que toda su colección junta, pues nada en la historia de la fotografía superaba el aura de misterio y leyenda que envolvía a *Muerte de un miliciano*, o *The Falling Soldier*, como la conocían los estadounidenses.

Con el pequeño alicate de marfil tomó el último negativo de la fila de su colección. Lo observó contra la luz para asegurarse de que estaba en la posición correcta y, con un pequeño temblor de emoción en la mano, lo colocó junto al lado derecho del negativo que había recibido esa tarde. El corte no correspondía, aunque los números de la secuencia eran consecutivos.

Volvió a tomar el negativo con los alicantes y probó del dado izquierdo.

¡Encajó!

El corte del viejo cuadro de película encontrado en el departamento de la rue Froidevaux correspondía exactamente con la toma siguiente.

Epílogo

Treinta años más tarde, el 23 de septiembre de 2010, día inaugural de la exposición *La Maleta Mexicana*, David Bird decidió tomarse un par de horas libres. Salió de su joyería de la calle 47 y se dirigió caminando al domicilio del International Center of Photography, ubicado cuatro calles más al sur. Necesitaba confirmar si el pequeño objeto que había guardado en su caja fuerte durante tres décadas era el original que se suponía que era o se trataba de una copia sin valor alguno.

Caminó como lo hacía desde 1942, enhiesto, con el ritmo pausado pero decidido de ochenta y ocho pasos por minuto con que le habían enseñado a marchar en la Legión Extranjera cuando la tropa tenía que cubrir treinta kilómetros de desierto bajo el apabullante sol argelino. Era un paso que revelaba seguridad en sí mismo y la misma decisión de un alguacil del Viejo Oeste que, sabiéndose solo, aceptaba la fatalidad de su destino e iba en busca de los «malos» para someterlos al orden.

Nadie hubiese pensado que aquel anciano de nariz aguileña, rostro severo y cabellera blanquísima, que caminaba tan erguido como un asta de bandera, estaba por cumplir ochenta y seis años, porque David Bird —antes Marcel Vogel, antes David Lieberman— aparentaba una década menos y, cuando ordenaba algo con aquella voz baja y tronante que tanto respeto había impuesto a los legionarios de su regimiento, parecía dotado de una seguridad tal que no dejaba lugar a dudas sobre quién tenía el mando.

Mientras caminaba las cuatro calles que lo separaban de la sala de exposiciones del ICP, murmuraba las estrofas de *Camerone*, el canto con que los legionarios recordaban el combate de la Hacienda del Camarón, librado el 30 de abril de 1863, en México, cuando una compañía al mando del capitán Jean Danjou, veterano de las campañas de Crimea e Italia, enfrentó a sus sesenta legionarios con dos batallones de soldados mexicanos encabezados por el coronel Francisco de Paula Milán. Nadie se rindió. Sólo seis sobrevivieron. Camarón había sido el primer Dien Bien Phu de la Legión Extranjera.

Una vez en la exposición, escuchó atento el discurso inaugural de Brian Wallis, el jefe curador del ICP, y charló brevemente con Phil Block, quien confirmó que entre los más de cuatro mil quinientos negativos recuperados con la Maleta Mexicana, no habían encontrado el conocido como *Muerte de un miliciano*.

A las nueve de la noche decidió retirarse del ICP. Contra su costumbre, en lugar de dirigirse a su mansión de Sutton Place en el alto Manhattan, regresó a su joyería, que por lo avanzado de la noche estaba cerrada. Abrió con cierta dificultad la puerta de hierro y después de desconectar la alarma pasó el triple cerrojo de seguridad. Encendió las luces, se dirigió a su oficina, desconectó la segunda alarma, apretó un botón y esperó a que un falso librero se recorriera y abriera la bóveda de seguridad.

Cuando el mecanismo completó su operación, ingresó a la bóveda, accionó la combinación de una caja fuerte y extrajo la caja de madera y un viejo proyector de diapositivas. Conectó el proyector y dirigió el haz de luz hacia el muro blanco del fondo de la oficina. Ajustó el foco y, cuando le pareció que todo estaba listo, abrió la caja de madera y tomó un negativo de treinta y cinco milímetros con un pequeño alicate de marfil.

Deslizó la película en el riel portanegativos hasta asegurarse de que había encajado. Caminó hacia la parte trasera de su escritorio. Sirvió media onza de coñac en una pequeña copa. Se dirigió hacia la mesita en donde había colocado el proyector. Dejó la copa a un lado e introdujo el riel portanegativos en el proyector.

La imagen de un miliciano que caía muerto iluminó la pared del fondo.

David Bird alzó la copa en dirección a la imagen, saludándola, y bebió el coñac de un solo sorbo.

Se volvió hacia el sillón, se sentó y se dispuso a observar.

Agradecimientos y fuentes informativas

La parte poética, prosística y biográfica de la obra de Renato Leduc fue consultada en las siguientes fuentes:

Garmabella, José Ramón, *Por siempre Leduc*, México, Diana, 1995.

Leduc, Renato, *Renato Leduc, Obra Literaria* (compilación e introducción de Edith Negrín, prólogo de Carlos Monsiváis, México, Fondo de Cultura Económica, 2000 (Letras mexicanas).

——, *Fábulas y poemas*, México, Imprenta Madero,1966.

——,*Cuando éramos menos*, introducción de Antonio Saborit, prólogo de Ángeles Mastretta, México, Cal y Arena, 1989.

——, *Historia de lo inmediato*, México, FCE, 1976.

——, *Catorce poemas burocráticos y un corrido revolucionario*, México, sin pie de imprenta.

——, *Antología de Renato Leduc*, selección y prólogo de Roberto Blanco Moheno, México, Secretaría de Educación Pública, 1948 (Biblioteca Enciclopédica Popular).

Pimentel Aguilar, Ramón, *Así hablaba Leduc*, México, EDAMEX, 1990.

La parte biográfica de Leonora Carrington y algunos datos de Imre Weisz fueron consultados en:

Poniatowska, Elena, *Leonora*, México, Seix Barral, 2011.

Para Imre Weisz, además de la obra anteriormente citada también se consultaron las siguientes fuentes:

Cherem, Silvia, en <u>diariojudio.com</u>. 30 de diciembre, 2011.
Martínez Domínguez, Javier, «Capa y el hombre del maletín», en *El País*, España, 29 de enero, 2008.
Young, Cynthia, *La Maleta Mexicana*, <u>museum.icp.org</u>, 2008.
Ziff, Trisha, Testimonio oral de Etelka Görög (Ata Kandó en el documental de cine *La Maleta Mexicana*), 2011.

Para la parte biográfica, diplomática y otros temas relacionados con el general Francisco Javier Aguilar González se consultó:

Carrera Andrade, Jorge, *El volcán y el colibrí*, México, José M. Cajiga Jr., 1970.
N. Santos, Gonzalo, *Memorias*, México, Grijalbo, 1984.
Naranjo, Francisco, *Diccionario Biográfico Revolucionario*, México, Instituto Nacional de Estudios Históricos de la Revolución Mexicana-Imprenta Editorial Cosmos, Edición conmemorativa, 1985.
Zedillo, Juan Alberto, *Los nazis en México*, Random House, México, 2007.

Ziff, Trisha y Benjamín Tarver, *La maleta mexicana*, largometraje documental, México, Corazón Films, 2011.
Cable del 15 de diciembre de 1958 de United Press International (UPI), publicado por *El Heraldo de Brownsville*, Texas, en la edición del 16 de diciembre de ese año, página 4.

Para la parte biográfica, diplomática y otros temas relacionados con Gilberto Bosques, se consultó:

Bosques, Gilberto, Archivo Histórico Diplomático Mexicano. Historia Oral de la Diplomacia Mexicana. 2. México, Secretaría de Relaciones Exteriores, 1988.
Liberman, Lillian, *Visa al paraíso*, largometraje documental, México, Producciones Nitya, 2010.

Para la parte biográfica de Robert Capa se consultó:

Fortes, Susana, *Esperando a Robert Capa*, Planeta, 2009.
Kershaw, Alex, *Blood and Champagne: the Life and Times of Robert Capa*, Londres, MacMillan, 2002.
The Mexican Suitcase, http://museum.icp.org/mexican suitcase.
Whelan, Richard, *Proving that Robert Capa's Falling Soldier is Genuine: a Detective Story*. American Masters, PBS.
Historia de una Foto. Programa 1, *Muerte de un miliciano*. Serie de televisión producida por Guillermo Chao Ebergenyi y DGTVE. México, 2010.

Para la parte que se refiere a las andanzas delictivas de varios diplomáticos latinoamericanos consulté:

Valentine, Douglas, *The Strength of the Wolf, The Secret History of América's War on Drugs*. Estados Unidos, Verso, 2004.

United States of America, Versus Salvador Pardo Bolland and Reneé Bruchon, Defendants-Appellants, No. 243, Docket 29218, Unites States Court of Appeals Second Circuit, 1964-1965.

L. Giordano, Henry, «*The Dope and the Smuggling Diplomats*», en *Revista Popular Sciences*, junio, 1965.

La parte de Luis Nicolau d'Owler la tomé de:

Horan, Elizabeth y Doris Meyer (comps.), *Esta América nuestra. Correspondencia 1926-1956 entre Gabriela Mistral y Victoria Ocampo*, pp. 139-140-141. Buenos Aires, El Cuenco de Plata, 2007.

Lo demás, sobre todo los diálogos, son licencias literarias del autor. O como diría Leduc: puras pendejadas.